人文社会科学经典文库

Classic Library of Humanities and Social Sciences

汉语——本体研究与教学探索

HANYU BENTI YANJIU YU JIAOXUE TANSUO

王姝/著

东北师范大学出版社

·长春·

图书在版编目（CIP）数据

汉语：本体研究与教学探索/王姝著. —长春：东北师范大学出版社，2024.4
ISBN 978-7-5771-1324-1

Ⅰ.①汉… Ⅱ.①王… Ⅲ.①汉语—教学研究 Ⅳ.①H19

中国国家版本馆 CIP 数据核字（2024）第 082702 号

□策划编辑：陈国良
□责任编辑：吴永彤 □封面设计：张 然
□责任校对：陈国良 □责任印制：侯建军

东北师范大学出版社出版发行
长春净月经济开发区金宝街 118 号（邮政编码：130117）
电话：0431—84568147
网址：http：//www.nenup.com
东北师范大学音像出版社制版
吉林省优视印务有限公司印装
长春市净月小合台工业区银湖路 1188 号（邮政编码：130031）
2024 年 4 月第 1 版 2024 年 4 月第 1 次印刷
幅面尺寸：170mm×240mm 印张：16 字数：250 千

定价：68.00 元

本书由国家社会科学基金项目“汉语形式缩放手段的实证研究”（批准号：23BYY028）资助出版

前　言

本书兼顾本体理论研究和教学实践探索两个方面，但以本体研究为主。支撑这种做法的是这样一个理念——法由理生。懂是教的前提，会汉语和懂汉语是两个概念。会是能应用，懂是能说清楚。会汉语，是 5 岁以上的中国人普遍具有的本事。懂汉语是能说清汉语的规律、规则；乐观地说，世上如果真有这样的人，也不多。还没有一个语言学家曾声称能说清汉语的一切规则；相反，汉语，特别是汉语语法，研究得还不够充分才是学界共识。

本书共十章：

第一章重点从本体论角度阐述语法的含义，使用语言习得数据强调并解释语法的“内在性”。内在的才是客观的，客观的才有可能是科学的；过分强调约定俗成会错过真正的规律和机制。

第二章详解语法研究的各个环节，重点是操作规则和注意事项。“数据分布推论”“数据合理交叉区”“伪反例”“数据分裂式概括”是本章提出的几个重要概念。

第三章是语法研究的理论准备。没有理论谈不上任何研究，甚至连观察也谈不上，所以在这一章重点介绍了依存语法的配价理论，功能语法的象似性理论、图形—背景理论、构式语法。这些理论都是学术界正在使用的理论，有了这些理论储备就可以开展研究工作了。生成语法极其重要，但本书除第一章介绍语法的本质——内在性——的相关部分渗透了生成语法的语法观以外，对该理论的基本概念、技术手段没有介绍，因为那需要较大的篇幅，本书毕竟不是一本纯粹的理论著作。

第四章讨论汉语词类、词性问题。其中，“词的同一性问题”“词类划分的标准”“汉语方位词”“汉语同义介词、连词问题”属于理论探讨，其余属于个案研究。

第五章重点讨论了“布龙菲尔德难题”。布龙菲尔德关于向心结构、离心结构的划分在中西方语言研究中都遇到了一定困难，但这个困难目前已经趋于解决，本章简略介绍这个解决过程。

第六章讨论了汉语的几个构式，包括存现句、“把”字句、“被”字句、“V 不 C”结构、“（是）……的”句、“又 X 又 Y”结构、“一 X 就 Y”结构等。这些构式都是学界关注已久的课题，同时也是教学的重点和难点。说它们是重点，是因为常用；说它们是难点，是因为不好教。不好教是因为相关规律规则没研究清楚。比如存现句，学界一直强调宾语的无定性，可是面对“口腔的后面是咽头”“包公左边站着张龙，右边站着赵虎”这种纯粹结构描写的用例便无法解释。再如，“（是）……的”句学界一直讲成强调句，也有好多解释不通的地方，比如它经常出现在寒暄语里。本章对这些问题进行了重新思考，提出了一些新的看法。

第七章提出“剥离结构”概念。剥离结构是一个表示剥离意义、由同动异宾的两个述宾结构组成的构式群。本章借助这个概念解释了一直被认为不合理的“养病、恢复疲劳、救火”一类构式的生成机制及其合理性。

第八章借助轻动词等理论，解释了“V 个 X”结构的生成机制及生成动因。

第九章是语音教学理论探索，强调语音教学要依据音理，反对单纯模仿。

第十章是词汇教学理论探索，强调在教学设计、教学方法的选用、同义词辨析等环节要以认知规律为指导。

本书的一个特点是举例多。抽象的原理要借助具体实例才便于理解、消化。

作　者

2023 年 10 月

目　录

第一章 语法和语法学

1.1 本体论意义上的语法

1.2 语法学

1.3 语法学何以可能？

1.1 本体论意义上的语法

语法是内在于母语者头脑中的组合规律和形式与意义的对应规律。

定义中需要重点解释的是“内在于”。

“内在于”表明这个定义带有乔姆斯基倡导的生成语法的色彩，语法的客观性、确定性以及语法研究的挑战性和语法研究的魅力都源于这个“内在于”。

“内在于”表示语法知识不同于其他知识，它有先天基础，所以学界很多人都认为母语者的语法是习得（acquisition）的而非学得（learning）的。“习得指幼儿不经他人系统教授也没有经过自身有意识的努力学习而获得某种语言的过程。学得指经他人教授或经自身努力学习而获得某种语言的过程。”①

下面呈现的母语语法习得数据显示了语法的神奇性，这种神奇性有助于理解进而相信语法的内在性。

儿童如何获得母语语法的细节没办法观察到，但在习得进度、顺序、特点方面已经有一些被普遍认可的数据积累。

1.1.1 习得的高效性

下面是来自 Aitchison（2008：79）的一张图表：

图表 1

Language stage	Beginning age
Babbling	6 months
Intonation patterns	8 months
One-word utterances	1 year
Two-word utterances	18 months

① McNeill（1970），Robert Lado（1977），Krashen，Stephen（1982）.

续 表

Language stage	Beginning age
Word inflections	2 years
Questions，negatives	21/4 years
Rare or complex constructions	5 years
Mature speech	10 years

说明：

（1）图表 1 给出的数据不是基于某种特定的语言，而是基于世界各民族的幼儿母语习得的调查数据。

（2）图表 1 显示，在 12—18 个月之间出现单词句（single-word utterances）。调查结果表明，在此期间，有的儿童单词多些（50 个左右），有的少些（五六个），平均 15 个，都是最常见的，如“爸爸”“妈妈”“玩具”。这个阶段词汇增长缓慢，孩子每增加一个单词，都会使父母为孩子的进步感到欣喜。此时，孩子的词汇表里没有虚词或词尾，语法习得还没开始。[①]

到 2 周岁时开始进入双词句阶段（two-word stage），两个词就有了组合，语法习得就开始了。到 2 岁半时，词汇开始激增（几百个），这时父母已经无法了解孩子到底会多少词语了，只是对“这些词孩子是什么时候学的”感到不可思议和惊异。与此同时，另一个事实更加令人感到不可思议：他们说出的句子的长度不断增加，很快从 3 个词、4 个词增加到很多个词。虚词和词尾开始出现了，几个月的工夫，儿童就用到几乎所有母语的核心语法形式。所有类型的新结构都出现了——否定、疑问、从句——而且这些结构都被迅速地、充满自信地运用起来。Pinker（1994：269）对这种语法知识大爆炸式的发展有个形象的比喻：All Hell Breaks Loose（所有的精灵都跑出来了）。儿童语法发展得如此迅速，以至于使研究者应接不暇。一个叫 Adam（亚当）的男孩，是哈佛大学 Roger Brown 教授的 3 个观察对象中语法习得最晚、最慢的。他 2 岁零 3 个月时还只会说“Big drum”这样的双词句，3 个月后他已经能说出“Where Mommy keep her pocket book?”这么复杂的句子。下面是 Adam 3 周岁零 2 个月时，观察者记录到的句子（Pinker，1994：269-271）：

① Aitchison（2008：84）.

So it can't be cleaned? I broke my racing car.

Do you know the lightwents off?

What happened to the bridge?

When it's got a flattire it's need a go to the station.

I dream sometimes.

I'm going to mail this so the letter can't come off.

I want to have some espresso.

The sun is not too bright.

Can I have some sugar?

Can I put my head in the mailbox so the mailman can know where Iare and put me in the mailbox?

Can I keep the screwdriver just like a carpenter keep the screwdriver?

一般儿童到 5 周岁时，连母语里罕用的复杂语法结构也能运用自如了。算起来，从 2 岁开始进入语法习得期到 5 岁结束，用时仅仅 3 年。①

Aitchison（2008：84）解释说，以上过程描述只是平均值，事实上不同儿童达到某个阶段的时间可能不是绝对相同。Roger Brown 教授对三个他不熟悉的孩子——Adam（亚当）、Eve（伊芙）、Sarah（萨拉）——做过精细的跟踪观察。伊芙在 2 岁之前就能说出这样的句子：

I got peanut butter on the paddle.

I sit in my high chair yesterday.

Fraser，the doll's not in your briefcase.

Fix it with the scissor.

Sue making more coffee for Fraser.

而这时亚当还处在双词阶段。在三个被观察对象中，亚当的发展速度最慢，伊芙最快，萨拉居中。伊芙完成各阶段的语法习得仅用了几个月。② 语法习得有早有晚、有快有慢，快的和慢的可以相差 1 年左右，但习得过程中经历各阶段的顺序是绝对一致的（Pinker，1994：271）。一个被反复印证过的

---

① Aitchison（2008：84），R. L. Trask（1995/2014：237）.

② Brown et al.（1968），Brown（1973），Pinker（1994：269）.

看法是：女孩比男孩早且快。

1.1.2 语法习得的一致性

大量数据表明幼儿语法习得具有一致性（the uniformity of ability），突出表现在以下几个方面：

（1）智愚不异。在排除严重痴呆者的情况下，在智力基本正常的范围内，有的孩子聪明些，有的孩子愚笨些，这在他们学习其他知识方面（比如数学、绘画）可能表现出巨大的差异，但是在母语语法习得方面却没有差别。[①]

（2）不因环境不同而不同。有的幼儿所处的语言环境好些，比如他身边人都很爱讲话，有的幼儿所处的语言环境差些，但这种差异不会影响语法习得进程。只要有人讲话，对幼儿来说就存在语言输入；语法习得与语言输入的有无有关，而与输入的多少无关。[②]

（3）不因生理条件不同而异。不管是聋是哑，还是既聋又哑，只要在语言习得关键期内得到口语或手语的语言输入，习得结果就与常儿相同。[③]

（4）习得程序的一致性。

跨语言的调查结果表明，儿童母语习得程序呈现出高度的一致性，儿童在母语习得的道路上都要依次走过相同的路标（milestones）。

我们前边提到过3个孩子亚当（Adam）、伊芙（Eve）和萨拉（Sarah），这三个孩子所处的语言环境各异，但他们习得语法的程序是完全一致的。Klima and Bellugi（1966）用三个孩子习得否定句的顺序很好地说明了这一点。否定句习得要经过三阶段。

第一阶段，将否定词no或not置于肯定句句首：

No want stand head.

No Frazer drinking all tea.

No play that.

第二阶段，将否定词向句子里边移动，并停留于第一个名词短语之后：

He no bite you.

---

① Chomsky（1986），Lust，B.（2006：2），Aitchison（2008：20）.

② Lenneberg（1967），Lust，B.（2006：2）.

③ Kegl，Senghas and Coppola（1999），Lillo-Martin（1999），Lust，B.（2006：2）.

That no mummy.

I can't catch you.

I don't sit on Cromer coffee.

第三阶段，将否定词继续向里边移动，并停留于助动词或系词之后：

You don't want some supper.

I didn't spilled it.

You didn't caught me.

I am not a doctor.

That was not me.①

以上习得程序被大量调查数据反复证明是普遍规律。有的语言否定词不是附加在助动词上，而是居于助动词或系词之前（如汉语）。这个民族的孩子只需两个阶段，第一个阶段是将“不”置于句首：

不爸爸上班。

不宝贝洗澡。

第二阶段将“不”或“别”向句中移动，并停留于主语后：

爸爸不上班。

宝贝不洗澡。

这个案例告诉我们，儿童在习得语法的过程中犯错误也不是随便犯的，那是他们必经的路标。

1.1.3 语法教育的无效性

语法习得是幼儿自己的事，教育帮不上忙（Aitchison，J.，2008：71）。下面这个案例是一个做心理学家的父亲努力纠正其女儿“other＋one＋noun”这种语法错误，工作无效，最后无奈地放弃了：

Child：want other one spoon，daddy.

Father：you mean，you want the other spoon.

Child：yes，I want other one spoon please daddy.

Father：can you say 'the other spoon'?

① Aitchison（2008：131-132）.

Child：other... one... spoon.

Father：say ‘other’.

Child：other.

Father：‘spoon’.

Child：spoon.

Father：‘other spoon’.

Child：other... spoon. Now give me other one spoon?①

下面这个案例来自（Cazden，1972：92）：

Child：My teacher holded the baby rabbits and we patted them.

Adult：Did you say your teacher held the baby rabbits?

Child：Yes.

Adult：What did you say she did?

Child：She holded the baby rabbits and we patted them.

Adult：Did you say she held them tightly?

Child：No，she holded them loosely.

这种案例非常多，父母不厌其烦地反复纠正，结果毫无作用；这些毛病到一定阶段会自动消除。几乎百分之百的父母在孩子语言习得中通过扩句（expansion）的方式引导孩子的语法发展。Cazden（1972）的调查结果表明这种努力徒劳无益，父母希望的状态孩子会自然达到，但不是当下。对于此种情况，Nelson（1973：105）指出：强迫孩子模仿导致令人沮丧的失败。不能像训练鹦鹉那样训练幼儿，絮絮叨叨地反复纠正甚至可能破坏孩子获得语法的程序。

1.1.4 语法习得关键期

关键期（critical period）思想由Lenneberg（1967）提出，但学界流行的正式界定是Marler（1987）给出的：

critical period：

A period of time with a distinct onset and offset during which

---

① Braine（1971：161）.

experience can lead to learning by an organism; assumed to be innately programmed and irreversible.

(一个有清晰的起止点的时期，在这个时期内生物体可以借助经验进行学习，关键期被假定为一种先天的程序设定，这种程序具有不可逆转性)

值得注意的是，Marler（1987）这个界定使用的是“organism”而不是“infants”或“children”，那就意味着他还不敢断言“关键期”仅属于人类，或许某些动物也有。

关键期就是学习有效期，在这个时期以外，无论多么努力，学习都无效。语法习得的关键期是 13 岁以内，这意味着，一个孩子如果在 13 岁之前与语言环境隔绝，他将终生无法习得语法，即便有高明的教师教授，即便自身非常努力，结果也不会改变。青春期开始之日，即语言习得功能关闭之时。[①]这方面有大量的调查数据，我们略举几个案例。

（1）伊萨贝尔（Isabelle）案例。

俄亥俄州女孩伊萨贝尔（Isabelle）是非婚生子，母亲聋哑且大脑损伤。在长达 6 年半的时间里，她和母亲被单独关在黑暗的与语言隔绝的小屋里，6 岁半被解救后开始正常接触语言。她进步惊人——用 2 年时间达到了一般孩子要 6 年才能达到的程度；到 8 岁半时，在语言方面与同龄儿童已经没有区别。下面是研究者记录到的伊萨贝尔被解救 1 年半时说出的句子（Pinker，1994：292；Aitchison，2008：91）：

Why does the paste come out if one upsets the jar?

What did Miss Mason say when you told her I cleaned my classroom?

Do you go to Miss Mason's school at the university?

这个案例说明：哪怕习得开始得晚些，只要在关键期内习得语法是没问题的。

（2）吉尼（Genie）案例。

吉尼出生在洛杉矶郊区，被精神异常的父母囚禁了整个童年，这期间不让她听到任何话语，也不许她发出声音。1970 年被解救出来时她已经 13 岁。被置于正常环境里之后，她开始学习英语，从一词阶段很快进入两词阶段，

① Lenneberg（1967：158），Aitchison（2008：90）.

还记住了几百单词。然后她停滞了，后来经过几年的强化训练，仍无进步。她的语言能力一直处于初级阶段，相当于两岁半孩子的平均水平。特别要强调的是，她学习单词的能力不弱于同龄孩子，吃力的是语法，她掌握不了组合规则。与她的缓慢的、不全面的语言习得进步相比，她的智力发展似乎特别迅速，几乎达到她的年龄应达到的范围。吉尼案例的意义在于：①它为语言习得关键期的存在提供了证据。②它为乔姆斯基关于语法习得能力独立于其他智力的观点提供了证据。[①]

（3）切尔西（Chelsea）的案例。

切尔西出生在加利福尼亚北部的一个小镇，生而失聪，三十岁出头开始借助助听器学习英语，记忆单词的能力很好，但语法一团糟。

她经常说类似下面这样的句子（Curtiss，1988；Aitchison，2008：93）：

THE WOMAN IS BUS THE GOING，ORANGE TIM CAR IN，BANANA THE EAT.

吉尼和切尔西两个案例都说明，语法习得有关键期，而词汇没有，进而说明习得词汇和习得语法不是同一个机制。

此类案例非常多，不再列举。

1.1.5 语法的自生性

在我们处理的所有数据中，最不可思议的是尼加拉瓜手语（NSL），它居然是由一群聋儿自创的语言！以下介绍基于 Ann Senghas（哥伦比亚大学）、Sotaro Kita（布里斯托尔大学）和 AslıÖzyürek（奈梅亨大学）三位教授的一项合作研究，其成果发表在 2004 年 9 月 17 日出版的《科学》（*Science*）杂志上。

由于人们普遍认为应该把聋人限制在自己家里，所以 1970 年以前，尼加拉瓜聋人之间几乎没有任何接触。在此种情况下，没有手语产生，他们也会用一些手势同家人交流，但这些手势极其有限又因人而异。到 1977 年，情况有了显著变化，尼加拉瓜政府在马那瓜市开办了一所特教小学，1981 年又在该市开办了一所职业学校。进入学校的聋儿从一开始的 50 名左右发展到 1981

① Curtiss et al.（1974：529;），Smith，N. & Wilson，D.（1979/1983：29-30），R. L. Trask（1995/2014：252）.

年的 200 名，而且在整个 20 世纪 80 年代一直在增加。一开始学校用读唇的方式教聋儿说西班牙语，但收效甚微。让人意想不到的是，第一批聋儿自创了一种手语用于交际，这种手语被每年到来的新生学习、使用，一届一届地传了下来。从此，尼加拉瓜有了自己国家的手语，至今已有 800 多名聋人在使用这种语言，他们的年龄从 4 岁到 45 岁不等。这种语言的语法也是逐渐严密化的。令人惊奇的是，语法规则都是先出现在年龄小的（preadolescent）聋儿中，而后传到青年中，但不会出现在成人的手语中——居然是小的教大的！目前尼加拉瓜手语社团规模已经相当可观，用得最流利的是最年轻的孩子，是那些新加入的学习者。

该论文考察的重点不是尼加拉瓜聋儿之间能不能交际，而是他们的交际工具是不是手语。用手势（gesture）也可以进行简单的交际，但手势不是手语（sign language）。手语是语言，它有语法；手势不是语言，没有语法。我们正常人说话通常也会伴随手势，然而我们并不是在同时使用两种语言。考察一种交际信号系统是不是语言，主要有三项指标：

①有没有一套离散的单位（语素、词等）；

②这些单位能否按规则组合起来表示复杂的意义；

③组合有无层次性。

手势是囫囵表意的，它没有离散的单位，更没有组合。三位作者对尼加拉瓜儿童进行了严密的考核后宣布，尼加拉瓜手语（NSL）具备全部上述特征，是语言，而且是严格意义上的语言。这个案例的意义在于：语法可以自发地产生。

语法是一个庞大复杂的规则系统，其庞大与复杂的程度是难以想象的。1985 年由朗曼出版公司推出的《英语综合语法》（*A Comprehensive Grammar of the English Language*）由四位著名语法学家（Randolph Quirk，Sidney Greenbaum，Geoffrey Leech 和 Jan Svartvik）经 20 年合作而成，长达 1800 页；然而，这也仅仅是一个以英语为母语的 5 岁孩子头脑中全部英语语法的冰山一角，语法知识的边界没人知道。

举个汉语语法的例子来说明语法有多复杂。

汉语定中结构中有时不用“的”（一杯水），有的必须用“的”（滚热的水），“的”的使用规则是什么？这一直是一个让语法学家头疼的问题。

邵敬敏主编《现代汉语通论》(2001 年第 1 版：194)：

> 定语由形容词、名词、量词结构充当时，不一定要用“的”，而由各类词组充当时，通常都要借助“的”来连接。

请注意，教材使用的字眼儿是“不一定要用”“通常都要借助”，这就等于啥也没说。

李强的上衣，邻居的猪——名词作定语，“的”字去不掉。

打击拐卖妇女儿童犯罪办公室——词组作定语没有用“的”。

动词作定语的情况（死鱼，剩饭，烂苹果）干脆就没有提到。

黄伯荣、廖序东主编的《现代汉语》(增订版下册：81—82) 说得更详细一些：

> 加不加“的”涉及定语的词类，也可能涉及定语或中心语的音节多少，以及其间的语义关系。……单音形容词作定语一般不加“的”(红花，绿叶)，……双音节形容词作定语常常加上“的”(晴朗的天，干净的水)……名词作定语有时可以直接修饰中心语（桦树皮，狍子肉)，这是把偏正短语用作一种名称。不然就必须加“的”(明天的课，师傅的想法)。……动词作定语，有两种情况，……短语作定语一般要加“的”……

不难发现，这段给出规则的引文中经常使用的是“也可能”“一般不加”“常常加上”“有时可以”“一般要加”这类字眼，教材用了近 1500 字的篇幅，除了告诉我们问题非常复杂以外，等于什么都没说。

教材不管用，那就找一本专著来看看：

彭小川等（2004：220)：

(1) 世界地图　×世界的地图

(2) 男朋友　×男的朋友

(3) ×玛丽地图 玛丽的地图

(4) ×老师哥哥 老师的哥哥

(5) ×真诚朋友 真诚的朋友

(6) ×明亮眼睛 明亮的眼睛

结论是：

(1) 表示性质，即“什么”的定语不加“的”。

（2）表示领属的定语一般要加“的”，有的也可以不加。

（3）描写、说明，即“怎么样的”定语要加“的”。

“表示性质”的和“描写、说明”的怎么区分？表示“什么”的和表示“怎么样的”如何区分？“热水”“脏水”是属于“什么的”一类，还是属于“怎么样”一类？“好朋友”“知心朋友”“酒肉朋友”算哪种？可操作性是规则的生命，没有可操作性的规则很难叫作规则。

语法书汗牛充栋，可是有效的规则不多。不是语法学家无能，他们尽力了，语法太复杂了！

令人费解的是，复杂的语法系统在一个5岁孩子那里完全不是问题。在该用“的”的时候他用，不该用的时候他不用。这只有一个解释：他头脑中有规则，而且可以确定，这个规则不是任何人教给他的，因为这个世界上还不存在能够说清这个规则的人。还有一点是确定的：5岁之前这个规则就已经在他的头脑中了。

更耐人寻味的问题是：这个规则是怎么进入他的头脑中的呢？既然排除了别人教会他这种可能，那么有可能是他根据听到的话语总结归纳的吧？试想，一个5岁孩子对于十以内加减法都有困难，连自己系鞋带、过马路的能力都没有，怎么能想象他有这么强大的归纳能力？语法学家的逻辑能力应该远强于一个5岁孩子，语法学家没归纳出来，而一个5岁儿童却做到了，这种猜测的合理性存在吗？通常还有一种解释——语感，他是凭语感做到的。可是将语法换成语感并没有将问题解决掉，因为语感就是语法。我们还可以问：语感是什么？儿童为什么没有别的什么感（比如数学感、文学感、音乐感等）而独有语感？语感是可描述的吗？如果不可描述但可使用，问题就又回到了原点——语法是什么变成了语感是什么，换了一个术语而已，问题并没有解决。

按照乔姆斯基的观点，语音、词汇都是学得的，而语法是习得的，具体机制是遗传和顿悟。乍看上去，这个观点太容易反驳了。如果汉族孩子遗传了汉语语法，为什么把他从小放在英国，他就会和英国孩子学习英语一样快、一样好呢？乔姆斯基说，你误会了。遗传的不是某一语言的语法，而是普遍语法（universal grammar），这个普遍语法是各民族语言个别语法的基础、共性。不好理解是吧？不同语言的语法怎么会有共性呢？举个例子就明白了，体育馆、职工宿舍、鸡舍、猪圈是绝不相同的建筑，但是它们却有绝对相同的东西：它们遵循相同的结构力学和材料力学原理——建筑学的基本原理。有了这样的原理，可以设计五花八门的建筑；有了普遍语法，可以有五花八门的个别语法。普遍语法是遗传的，后天来自母语的刺激作用于这个普遍语法，个别语法便很快在头脑中产生了——顿悟。由于靠遗传和顿悟而来，语法具有自明性。“我们头脑中拥有同一部语法——说本族语的人的不言自明的知识。”（乔姆斯基，1965：18）母语的语法就是由大量的不言自明的规则构成的一个复杂系统，这个规则系统指导着母语者生成正确的，纠正错误的，这个系统就是任何一个母语者的内在的语法，这就是语法的本义。

1.2 语法学

语法就是语感，把语感系统地表述出来就是语法学；语法学家的工作目标就是刻画母语者的语感。

上文说过，一个5岁孩子头脑中已经拥有一部完整的母语语法；语法学家头脑中当然也有，这是无可怀疑的。那就好办了，语法学家把自己头脑中的规则表述出来不就行了吗？可是他做不到，当他想把规则输出的时候，他发现他并不知道规则。他头脑中有规则，但他并不知道规则，这在经验主义的始祖洛克看来是不可理解的：

> 说有些真理印在灵魂上而灵魂并不知觉到它们或理解它们，在我看来是近乎矛盾的，因为所谓“印”，如果有任何意义的话，不外是使某些真理为人知觉到的意思。但是，把任何东西印在心灵上而心灵并不知觉到它，在我看来几乎是不可理解的。……它们如果是印在心灵上面的概念，又怎能不为人所知呢？说有一个概念印在心灵上面，同时又说心灵并不知道它，并且从未注意到它，这就等于取消了这种印在心灵上的说法。凡是心灵从未知道过、从未意识到

的命题，都不能说是存在于心灵中的。（《人类理智论》）

康德就比洛克高明：

> 普通语法就是语言的一般形式。人们不懂语法，却也在讲话；不懂语法而讲话的人，事实上也有语法，其讲话也依从规律，但是对于这些规律他却没有自觉到。（《逻辑学讲义·导言》）

人们心里有的东西，人们自己真的未必知道有。在弗洛伊德证明了潜意识的存在以后，这种观点接受起来已经没有困难。母语的语法就是这样一种东西，用Chomsky（1993：25）的话说就是“The system appears inaccessible to consciousness”（那个系统不在意识之中）。语法存在于潜意识之中，因而可用而不可述。一个能正确使用“的”的汉族人，你问他是依据什么规则使用“的”的，他会说他不知道。他没骗你，他真不知道。

凡是学得的知识都储存于意识层面，都具有可表述性。词汇是学得的，让一个初中生把他学过的词语都写出来，这是办得到的，他可以通过回忆一个一个地写出来；如果哪个词他写不出来，那是他忘了，此时那个词不在他心里。而语法则不然，它就在那里，你随时可用，但你就是写不出来。这是无法否认的事实，这个事实康德很清楚，但洛克不清楚。

现在回到语法学。语法学家把内在于母语者头脑中的组合规则（语感）从潜意识中扒出来，以命题的形式一条一条地表述清楚，建立一个清晰的规则系统，这个规则系统就是语法学。换言之，语法学是语法学家对语法（语感）的刻画，是以语法（语感）为研究对象而做出的研究成果。语法是认识对象，语法学家是认识主体，语法学是认识成果（在语言类学术著作里，有时也用语法指称语法学。这时，语法就有了两个含义：（1）语法本体；（2）语法学。要注意辨析）。

语法只有一个，认识主体有多个；不同主体所持语法观的不同以及在研究材料的选取、研究方法的使用方面的任何差异都会导致认识的差异，从而导致针对同一语言语法的不同语法学。就是说，语法是一个，语法学却是多个。传统语法、结构主义语法、转换生成语法、格语法、构式语法等都是不同的语法学。

1.3 语法学何以可能?

语法规则存在于每个人的潜意识中，语法学家的任务是把它显性化——命题化，使之成为可传授的、能为机器所用的知识。语法学家要解决的问题是：为说本族语的人关于语言直觉（linguistic intuition of native speaker）的大量毫无疑问的数据建立起一种描写，如果可能的话，建立起一种解释（乔姆斯基，1965：18）。可是，我们对潜意识里的东西没有觉知，想表述它时却抓不住它。那么，语法学家如何能建立语法学呢？套用一下康德的提问模式：语法学何以可能？历代语法学家在建立语法体系的努力中遵循这样一个原理：虽然我们心里的语法不可直接述说，但言语作品（我们说/写出来的话）是在语法规则指导下产出的，那么在言语作品中就有语法规则的体现；从而，通过分析言语作品获得语法规则是可能的。这有点儿像下边这种情形：一个盖好的大楼是按设计图纸施工的，但这个图纸找不到了，而我们又想了解这个设计，通过对这个大楼实体进行测量、分析来重现这个图纸是有可能的。基于这个原理，语法研究的操作路径为：

搜集语言材料→分析语言材料→概括出规则。

不难发现，这是一个经验主义指导的研究方略。休谟指出，经验主义不能保证普遍必然性，而没有普遍必然性的概括没有资格称为知识。然而，就目前来说，舍此途而无他路，目前的语法研究只能采取经验主义方法论。好在依靠计算机技术的高度发展，云数据可以帮助克服语料获取的困难和语料不全面的局限性，研究的效率和质量一定程度上可以得到改善。不能奢望语法学会完整地揭示语法规律，但会不断地接近它。由于对象深埋于潜意识之中，语法研究充满挑战性，这也正是语法研究的魅力所在。

第二章

语法研究

2.1 关于发现问题

2.2 关于搜集数据

2.3 关于分析数据

2.4 关于概括结论

2.5 同题盲写对照法

不管出于语法本体建构的目的，还是为了有效地进行二语教学或中文信息处理，都必须具有语法研究的能力，研究是无可争议的前提。本章详解研究的各个环节。

语法是内在于母语者头脑中的组合规律和形式与意义的对应规律。如果你想弄清为什么说“大红苹果”，而不说“红大苹果”，你是在研究组合规律；如果你想知道“了”到底表示什么意义或有什么作用，你是在研究形式与意义的对应规律。不管研究哪一种，都要遵循一定的程序。这个程序是：

发现问题→搜集数据→分析数据→概括结论。

2.1　关于发现问题

语法问题俯拾皆是，找到问题应该说极其容易。但生活中确有这种情况：学生说找不到题目，老师给个问题要他去研究，过几天他告诉老师那个问题已经有人研究过了，意思是不能写了。别人写过了并不意味着问题解决了。到目前为止，还不能说哪个语法问题已经解决完了。认识不是由一个人完成的，甚至不是由一代人完成的。动态助词“了”从汉语语法学产生之日起就是被重点关注的语法形式，到现在还在研究，为什么？因为还没认识清楚。发现不了新问题，就去研究老问题。定中结构中什么时候必须用“的”？“着”表示什么语法意义？“又”“再”都表重复，却不能自由替换，二者究竟有何不同？“每”“各”都表分指，二者有何不同？什么时候需要使用动词重叠式？诸如此类待解决、迫切需要解决的问题一抓一把，解决任何一个问题，哪怕是有少许推进，都是对汉语语法学的贡献。

发现已有成果存在问题，就发现了继续研究的必要性，你就抓住了一个题目。阅读已有文献，一定要有质疑的自觉；尊重权威，但不迷信权威。比如 1984 年出版的《现代汉语八百词》571 页讨论“又”“再”表重复或继续时的区别，得出结论：在表示动作重复或继续时，“再”用于未实现的，“又”用于已实现的。

这个结论被各种语文工具书和对外汉语教材采纳至今[①]，卢福波（2000：606）举出“下星期又要考试了”说明“又”也可以用于“将要重复、继续的情况”，应该说将研究推进了一步，但此结论没有引起重视。直到彭小川等（2001：122）发掘到更多“又”用于将来的数据：

明天又是星期天了。

下个月又该放假了。

你这样做，她又会生气的。

看来明天又要下大雨。

她家里出了事，明天又要请假。

听说他又要结婚了。

“又”用于将来的情况终于得到应有的关注，“‘又’用于已实现的”这个结论才被突破[②]。

早期的研究，由于理论的局限，认识亦有局限。随着新理论的出现，研究亦应随之推进，原来无法解决的问题可能在新理论的指导下找到恰当的解决方案。比如，陆俭明先生 1988 年发现数量词对汉语句法结构有很强的制约作用。比如“V 了”后边的宾语要有数量词，否则不成立。限于当时的理论水平，对这种情况背后的原因还无从知晓。到了 1995 年，沈家煊引进“有界—无界”理论对数量词制约句法的机制作出了解释，将该项研究推进了（参看：陆俭明，1988；沈家煊，1995）。这给我们一个启示：理论给人眼光。发现不了问题是缺少发现问题的眼光，在这一点上，理论可以帮忙。用新的理论检视已有研究常常会发现已有研究的不足，并在新理论的指导下进行更深入的研究。头脑中没有理论，研究无从谈起。

找到研究对象之后，要将拟研究的问题明晰化，要书面表述出来。比如把“$了_1$”确定为研究对象，就要清楚研究“$了_1$”的什么，是语法意义，隐现规律，语法位置……还是语法化历程？作博士论文的话，当然可以作包括

① 《现代汉语词典》2016 年第 6 版仍使用这种表述。

② 其实，春范（1980）就已经注意到“明天又是星期天了”这样的用例，并指出：“如果动作行为、情况是周期性的，或者说话人肯定它必将重复的也可以用‘又’，它后边常常跟着‘是、要、该、可以’等，句尾要用语气助词‘了’。”但没有得到学界的注意。《现代汉语八百词》的编者若注意到这篇文献，当不会作那样的概括。对已有成果参考不足，致使研究原地打转或后退，一直是学界的一个痼疾、一个悲哀。

所有问题在内的通盘研究，但也要一个一个地研究，每步的问题也要清楚。从技术上说，这一点很重要，文章层次交叉多半因为问题不清楚。

2.2　关于搜集数据

搜集数据（data）包括两个方面：已有相关成果和相关的语料用例。

对已有相关成果搜集要全面，不要只关注权威学者的观点而忽略一般学者的一得之见，然后写成综述。综述部分的重要性在于明了研究的基础，了解学界在你关注的问题上已经做了哪些工作、他们的成功与失误、经验与教训。这部分容易出现的毛病是只罗列已有成果篇目或观点而不作评价；综述不仅要述，而且要评价已有文献之得失，更重要的是梳理出相关研究的学术发展脉络，让人读完综述就能了解相关问题的推进历程以及在哪些方面还有问题没有解决好，同时也就了解了你的研究起点。

语料的搜集很容易，借助语料库和各种搜索引擎在很短时间内就能搜集到足够的用例。要特别细心的是甄别环节。搜集来的用例中，有的可能与我们需要的语料相似却与我们要研究的问题无关，通过细心甄别剔除这种语料才能保证语料的可靠性。语料纯正的重要性是不言而喻的，研究酒精的性质，如果在材料里掺进去几滴汽油，肯定得不到正确结论；所以在这一步要慎之又慎。在材料上出问题的研究是很常见的，我们举个例子。

《HSK语法等级大纲》第1059个语法项是“X是X……”构式，给了两个例句：

（1）听是听清楚了，就是记不住，老是忘。

（2）他们早已上火车了，赶是赶不上了。

仔细分析会发现，两个例句明显不属于同一个构式，二者存在多方面的对立：

（1）的行为必须是已实施的，（2）的行为必须是未实施的。

（1）必须有下句，（2）必须有上句。

（1）的前后为转折关系，（2）的前后为因果关系。

（1）的语法意义是宣称行为的无效性，（2）的语法意义是决定放弃一种努力。

如果把这两个例句当作同一个构式（“X是X……”）的两个用例，构式的语法意义和使用条件都无法概括，最终将导致研究失败。

“X是X……”还可以涵盖：

频率是频率，跟概率不是一个概念。

你是你，我才不跟你一样呢。

（这两个也不属于同一个构式）

所以，对通过搜集获取的语料一定要认真甄别，这一步是结论正确的前提。

还要强调的是：对内省材料（自编语料）要有警惕，不要想当然地认为也可那样说。语法学家搜集资料不是一个盲目行为，在搜集资料以前他心中已经有一个假设，内省材料会受到这种假设的影响，从而作出误判。经常发生的情况是，作者在最初也拿不定能不能那样说，研究过程中这样的例子会经常在他心里转悠，并逐渐习惯化，因而越来越觉得那个例子没问题；当别人不认同的时候，他还不理解。比如下列用例都不太好接受：

乐乐班今天早晨哭了两个孩子。（计数）

屋里哭着两个孩子。（静态存现）

就这一会儿工夫孩子闹了好几个（忙得保育员哄了这个哄那个）。

这群捣蛋鬼今天表现还不错，就闹了一个还被及时制止了。

（老师说全做对的才能出去玩，）结果我们组同学才玩了两个。

那白的一只鸽子

白的那一只鸽子

那雪白雪白的一只鸽子

20世纪50年代曾热烈讨论“白鹅”与“白的鹅”的语义差别，“白的鹅”属于内省材料，我们进入ccl语料库检索的结果是“白鹅”用例135条、“白的鹅”为0条（检索时间：2017/4/5）。数据表明人们根本不用“白的鹅”这种编码形式，讨论的前提都不存在。

为了排除语料库里没有“白的鹅”属于偶然情况，你还可以再进语料库检索类似语料，比如“白的马”“大的河”“大的苹果”“好的酒”……下面是检索结果（括号里的数字表示该字段在语料库中出现的次数，检索时间：2017/4/7）：

白马（1238）—白的马（0）

大河（2935）—大的河（0）

大苹果（70）—大的苹果（0）

好酒（624）—好的酒（0）①

这就不好再说语料库里没有“白的鹅”属于偶然情况了。

朱德熙（1956）认为“白纸”和“白的纸”都可以说，朱德熙（1982：143）仍坚持此种看法（旧书—旧的书）。胡裕树（1987：345）有相同的看法，认为“高山”可以说成“高的山”。我们在ccl语料库里检索的结果如下（括号里的数字表示该字段在语料库中出现的次数，检索时间：2017/4/5）：

白纸（1460）—白的纸（1）

旧书（1107）—旧的书（0）

高山（4676）—高的山（0）

单音形容词作定语用“的”的我们只检索到“白的纸”1例：

> 这儿一叠一叠的，有的是我小学时代的抄本，默写簿，作文簿，白的纸，黑的字儿，蚯蚓似的笔划；我望见那每一篇写完后用红墨水题着的罗马字：一百分，九十分，我记起从教师手里接过簿下来时的快乐。（唐韬《南归杂记》）

“白的纸”出现在“白的纸，黑的字儿，蚯蚓似的笔划”这个三项式排比结构里，排比句属于整句，有结构一致性的要求；由于“蚯蚓似的笔划”无论如何要带“的”，向它看齐，前两项也都带了“的”。在寻找基本规律的时候，最好排除修辞干扰，以便将变量降到最少。修辞的效果往往来自对基本规则的破坏，“碧玉妆成一树高，万条垂下绿丝绦”原本的语序应该是“碧玉妆（装饰）成（的）一（棵）高树，垂下万条绿丝绦”，如果把追求特殊修辞效果的诗句考虑在内，我们永远得不到汉语的基本语序规则。

绝对真空现在也没有条件实现，别说在牛顿的时代；但科学家为了得到那个最基本的规律，尽量排除干扰因素，使实验条件尽量接近真空。尽管带

① “纯白的马、最大的河、很大的苹果、这么好的酒”这样的材料语料库里很多，但都不属于单音形容词加“的”作定语的用例。

有假想性，但这毕竟是通往基本规律的唯一通道。这方面我们要向乔姆斯基的形式语法学习。

完成甄别以后，按照归纳法的要求，数据工作还远没有结束，这些数据只相当于下面将要谈到的本质具有表所呈现的信息。

近代以来，指导西方学术研究的是培根在《新工具》中阐述的归纳法。要强调的是，这个归纳法不是我们通常理解的“归纳法”。《逻辑学问答》[①] 例示了我们通常对归纳法的理解：

归纳推理就是以个别（或特殊）性的知识为前提，推出一般性的知识为结论的间接推理。例如：

伽利略 19 岁成名，一生做出 7 项贡献；

牛顿 22 岁成名，一生做出 11 项贡献；

高斯 17 岁成名，一生做出 9 项贡献；

海森堡 23 岁成名，一生做出 9 项贡献；

狄拉克 24 岁成名，一生做出 5 项贡献；

……

伽利略、牛顿、高斯、海森堡、狄拉克……都是早熟的科学家；所以早熟的科学家是多产的科学家。（179—180 页）

培根在《新工具》中把这种归纳法叫作简单枚举归纳法并给予彻底否定。我们上面说的通过“搜集—甄别”获得的语料数据只适合简单枚举归纳法而不适合科学归纳法。按照培根的归纳法，数据分为三类并用三个表呈现，分别叫作本质具有表、接近中的缺乏表、程度表。三种数据的含义培根以“热”为研究对象给予解释。本质具有表搜集具有“热”的事例列成一个表：

表一　热的本质具有表

1	太阳光线
2	火山的火焰
3	燃烧的固体
4	被加热的液体

① 周尚荣，陶景侃编著：甘肃人民出版社，1985。

续　表

5	被摩擦的东西
6	撞击出来的火花
7	往生石灰上浇水
8	接近热物体的东西
……	……

接着建构表二：接近中的缺乏表。这个表搜集缺乏“热”这一本质的事例，所以叫“缺乏表”。这个表的建构要参照表一：只搜集与表一中各项事例接近的相反事例（不具有热的事例），此表诸项的排列顺序也要参照表一，使相同顺序号的两项在性质上足够接近，所以叫“接近中的缺乏表”。比如搜集到的不具有热的事例里边有月光、星光、萤火虫发出的光等。列这个表的时候，要把“月光、星光”列为第 1 号，因为表一中的第 1 号是太阳，而太阳、月亮、星星都是天体，它们性质接近，对比中变量数目少，容易凸显决定因素。这两项通过对比，就能排除光亮是热的必要条件。若把萤火虫的光列为第 1 号，与表一中的第 1 号（太阳）可比性就差很多。

表二蕴含的思想是：研究者要努力地搜集反例，以避免仅据优势数据作出片面概括。

表一、表二的建构思想后来在西方语言学界演化为一种著名的方法：最小差异法。比如为观察语气词“吧”的语法意义而建立下面这样的数据表：

表 I

VP 吧。	
1	快吃吧。
2	来吧。
3	停吧。
4	出来吧。
5	回去吧。
……	……

表Ⅰ相当于培根的表一（本质具有表）。

表Ⅱ

VP。	
1	快吃。
2	来。
3	停。
4	出来。
5	回去。
……	……

表Ⅱ相当于培根的表二（接近中的缺乏表）。

把表Ⅰ和表Ⅱ相同序号的两个实例放一起就构成一个个最小差异对（Minimal Pairs）：

快吃吧。——快吃。

来吧。——来。

停吧。——停。

出来吧。——出来。

回去吧。——回去。

若把“停吧”与“快吃”放在一起，则不是最小差异对，因为没有把变量数目最小化。比较各个最小差异对以后，不难体会到“吧”的语法意义：缓和或削弱语气。

最小差异法是归纳法在语言研究领域里的别称，此法在语言研究各层面上广泛使用，是语言研究的最基本方法。

归纳法呈现数据是三个表，我们还有一个表没解释——程度表。前两个表是有无的对立，表三反映程度的差异，其功能是寻找共变关系。培根举了40个例子来解释这个表，最后一个例子是：“一切物体的体积越小，它在靠近热的物体时就热得越快。”这里就反映出物体增热的速度与其自身体积有共变关系。

我们换个更直观的例子来解释归纳法的三个表。

观察摩擦能否生热：

对玻璃棒、铁条、石头、丝绸、塑料……进行摩擦后，无一例外都得到增热的结果，用这些数据建立表一（本质具有表）。在相同条件下这些东西在不经历摩擦时都不增热，用这些数据建立表二（接近中的缺乏表）。对这些东西在同等时间内施以不同程度的摩擦，结果是摩擦越轻增热越少，摩擦越重增热越多，用这些数据建立表三，这就是程度表，它反映出增热与摩擦程度有共变关系。这三个表的数据指向一个共同的结论：摩擦可以生热。

程度表可以独立使用，在语言研究中具有特殊价值。举个例子，袁毓林（1999）研究多项定语的排列顺序，研究这个问题归纳法的表一、表二都帮不上忙，只有表三（程度表）可用。作者将所得语料整理为这样一个观察表：

大红球	小木盆	小黑铁塔
小黄	大铝	大黄铜
白	铅	红钢
黑	铜	白石
绿	塑料	蓝木
……	玻璃	水晶
	……	水泥
		……

作者解释说：

> 表示形体的“大、中、小”是三项对立，表示颜色的“红、黄、白、黑、蓝、绿……”对立项在十项左右，表示质料和功能的聚合包含的对立项更多。
>
> 基于这种观察，得出规律：对立项少的定语排在对立项多的定语之前。

作者敏锐地捕捉到了定语顺序与定语语义对立项之间存在共变关系，若这种共变关系是经得起检验的，那么对立项数目差异即便不是指导定语顺序的唯一原则，至少也是原则之一。发现共变关系就接近了问题的本质，这是用培根程度表进行归纳的一个很好的范例。

语法研究中，表一中的数据是搜集到的，表二往往包括语言中不存在的句子，因而搜集起来有困难。此表数据通常有两个来源：

（一）来源于中介语：

＊这种错误再三发生，公司经理应该负责。

＊以后遇到这种情况，要向顾客一再说明。

＊作风问题你要一再强调一下。

（周小兵、邓小宁，2002）

（二）参照表一按照最小差异原理自行制作。比如王冬梅（2014）在肯定“有”与“是”有相通的一面（桌子上是书—桌子上有书）以后，接着讨论了二者之间的差别，语料是这样呈现的：

桌子上都是书　　＊桌子上都有书

满桌是书　　＊满桌有书

浑身是土　　＊浑身有土

左侧这一列相当于表一，右边的一列是表二，而表二这种语料是搜集不到的，所以只能制作。

三个表的资料工作完成以后，进入材料分析阶段。分析的第一项任务是做排拒工作——排除无关的因素。比如根据培根研究热的第一表的各项，就可以排除物质能否具有热与特定的物质结构有关。接下来观察无法排除的因素，找到决定性的因素——本质。

2.3　关于分析数据

语料数据完备以后要对数据进行分类观察，这一步的目的是要获得数据隐含的意义，这个意义就是研究对象的本质；发现了那个意义，就是找到了本质，研究就成功了。观察达于本质才够理想；虽不易做到，但要树立这样的目标。对“本质”应有下列认识：

本质：事物的根本属性。

本质的特点：

A. 本质具有普遍性（非此有彼无）。

“本质的属性是必然地属于主项的。”（亚里士多德《工具论》）意思是：

如果 b 是 a 的本质因素之一，那么 a 具有属性 b 是绝对必然的。

B. 本质具有永恒性（非时有时无）。

C. 本质是一切现象的根源。

举个例子来说明啥叫现象、啥叫本质。假如你研究水的流动规律，又假设你选定黄河且在河套地区进行观察：

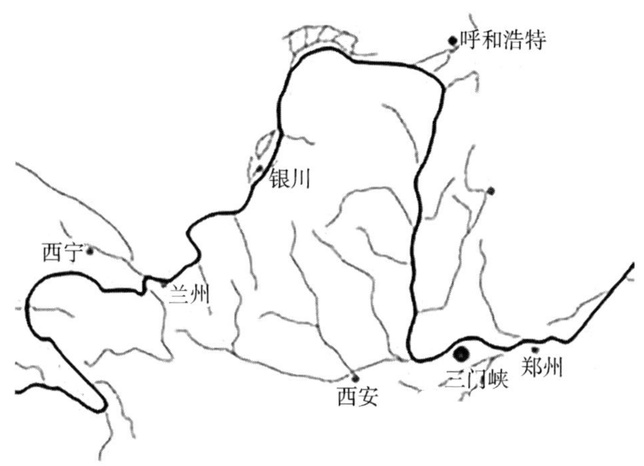

在三门峡观察：向东流。

在银川观察：向北流。

在太原附近观察：向南流。

面对以上数据，根据本质的特点 A 可以断定：水的流动规律与方位无关（direction-free）。因为若向东流是水流动的本质，那么向其他方向流动的水就不具有这个本质——违背本质的普遍性特点。

接着你排除方位因素继续观察，在三个观察点观察到的共性是：与地势有关——水往低处流——这个概括能解释上面所有的观察结果。这时你欣喜若狂，以为你的工作已经完成了，事实上你距离发现水流动的本质还远着呢。水往低处流肯定不是水流动的本质，因为这仍然是你观察到的。能直观到的都是现象，本质是不能诉诸感官的：凡是直接感知到的都不是本质，本质诉诸思维。

可以用水泵把水抽到山上去——水往高处流，你的概括受到了挑战。当然你也可以这样来捍卫自己的观点：引水上山属于人工行为，是人进行了干预，并非水的自然流动，水往低处流这个结论对水的自然流动是有效的。可是，人工干预也是利用自然规律干预的吧？人只能利用自然规律而不可以违背自然规律吧？这一反问已经置你于死地了。如果你还要挣扎，人家再举出涨潮时水往岸上流，龙卷风能让水往天上流，你就彻底没话了。这时研究者应该依据本质的特点A果断得出结论：水的流动规律与地势无关！遗憾的是，很多学者不会这样做，他们的做法是将数据分为优势的（占多数的）和劣势的（占少数的），然后概括为几条规则：

水的流动规律：

1. 通常水往低处流（基于优势数据）。

2. 但在下列情况下水可能往高处流（基于劣势数据）：

（1）人工干预。

（2）涨潮或龙卷风。[①]

因为这是学界通行的概括方式，下文还要反复提到它。为了称说方便，我们把这种概括叫作数据分裂式概括。

一个研究者如果时时提醒自己去发现本质并熟知本质自身所具有的特点，他就不会把引水上山、涨潮、龙卷风当作例外处理，他会把这些“例外”制作成表二（接近中的缺乏表）给予高度重视，把表二的数据考虑在内进行新的概括，目的是使所有数据得到统一解释。最后概括为：

水向着它所受合力的方向流。

这个概括可以解释水流动的一切数据。水为什么往低处流？因为水受重力和斜面支撑力的双重作用，其合力方向指向低处。海水为什么涨潮时往高处流？因为有来自月亮和太阳的引力影响。龙卷风发生在水面上，水会往天上流，因为龙卷风中心与其外部的压强差会给水向上的压力。原来水往低处流跟圆木向山下滚遵循同样的规律，水的流动遵循物质运动的一般规律，丝毫也不特殊！

这才到达了本质。

这个本质存在于水往低处流的现象中，也存在于引水上山、涨潮、龙卷风等现象中，具有普遍性。

要重视反例，“实际来说，在竖立任何真的原理当中，反面的事例倒还是

---

① 并不是真的有人对水的流动规律作出过这样的概括，这里是模仿语法学界流行的概括模式。

两者之中更有力的一面呢”（培根《新工具》16 页）。

一个研究者要时时提醒自己寻找本质。

可以预测的质疑是：语法研究不同于纯自然科学，不能指望有那么严整的规律，因而“不以例外否定规律[①]”是正确的。对此，我们引陆丙甫、刘小川（2015）的一段话作为回答：

> 事实上，科学家的一个基本信仰就是世界的一致性、统一性。一方面，这是一个信仰问题，无法从根本上证明；另一方面，这也是无可奈何的唯一选择。因为没有一致性就没有内洽性，也就根本没有了理论。其实一致性信仰还有更深远的起源，如果动物对生存环境没有基本的一致性认知，就无法建立起对环境一致性的条件反射，也就无法生存。理论的一致性可以说是动物与生俱有的一致性认知的扩大和深化而已。

一致性意味着简单性，“这是因为冲突、不对称等所采取的形式远比和谐、对称多种多样”（陆丙甫、刘小川，2015）。语法系统，如果每条规则都充满例外，那么一个没有学习能力的幼儿在不足两年的时间里完整地获得它就是不可思议的。基于上述认识，我们有理由在语法研究中追求一致性、统一性。

从本质特点 A 可以得到一个有用的推论，姑称为数据分布推论：

> 数据分布推论：在考察同一对象时，若数据在同一维度的不同区域上有分布，则对象的本质与这一维度无关。

还以水的流动为例好了。水既能往东流又能往其他方向流——数据在方位维度上分布无选择，则水流动的本质与方位这一维度无关。

水既能往低处流，也能往高处流，则水的流动本质上与地势无关，应该断然放弃“地势”这一维度的考察。若你考察一个语法形式（比如一个虚词），数据显示它能用于过去，也能用于现在或将来——在时（tense）这一维度上分布无选择，则表明考察对象的本质与时这一维度无关（哪怕它在绝大多数情况下用于过去时或将来时），考察应断然转向其他维度。然而遗憾的是，研究现场的情况往往并不是这样，例如：

> 双音化的趋势，对单双音节介词的搭配对象的选择，必然会产

---

① 原话是：“其于微少之例外，不足以影响文法全部者，置之。”（陈承泽，1922）“不以例外否定规律”是吕叔湘在《重印〈国文法草创〉序》中的概括。陈氏这个观点一直被学界奉为圭臬。

生一定的影响。其选择表现为：单音节介词一般需要单音节词作为宾语，但大多数单音节介词也可以带双音节或多音节的宾语。双音节的介词一般需要双音节或多音节词语作为宾语，而且绝大多数不能带单音节宾语。如：

自自古以来/自清末以来　自从古以来/自清末以来

从从今以后/从今年开始　打从今以后/从今年开始

照照此下去/照这个样子　按照此下去/照这个样子

据据理力争/据校方统计　根据理力争/据校方统计

当然，上述限制并非绝对的，也有少数双音节介词可以带单音节宾语的现象。如：

冲着我发火　对于你，我没话说。

既可以这样，有时也可以那样——啥都说了，又啥都没说。

数据分析中最令人烦恼的是数据交叉——正例、反例并存。数据交叉令人犹豫、困惑甚至沮丧，打击研究者对语法的信心，很多研究在数据交叉区遭遇滑铁卢；因此它具有重要的学术意义，值得认真讨论。

有数据交叉时需要小心处理，核心任务是反例鉴定——弄清楚出轨数据究竟是不是规则的反例。如果确实是反例，哪怕只是绝对的少数，也要毅然修改或放弃已有概括；若是伪反例，则给予必要的说明。马庆株（1995a）观察了下列数据：

大红花/门/旗　小红花/门/枣　大白马/鱼/馒头

小白花儿/脸　大青骡子　小黑屋　大红袍　小黄花

大紫茄子　小绿夜壶

基于这些数据概括出一个多项定语排列规则：表形体（大、小）类形容词排在颜色形容词前边。

“红小兵”是反例吗？作者用一个注解释道：

这是“文化大革命”的词语。先有固定语“红卫兵”，后有仿造的“红小兵”，“红”在“小”前面，使“红”更加突出。这是词汇现象。固定语中的词序常常与自由词组中的词序不同。

这个解释成功地排除了一个伪反例。

陆丙甫（1984）把副词“就”的基本作用概括为限制范围，因此往往带有“少量”的语气。

难办的是下面这种用例：

A. 我们一个小组就十个人。

B. 老周一个人就讲了两小时，别人都没时间讲了。

当重音落在“就”上时，表示“就”后面的成分表示的范围小、数量少，这还与作者的概括一致。但当重音落在“就”前面的成分上时，这类句子中的“就”学界公认是表“多”的，这就出现矛盾了：它们真的是反例吗？陆先生解释道：

其实，其中后置成分“多”的意义是相对前置成分的“少”而言的，同“就”直接相关的还是“少”，而不是“多”。

作者成功排除了一种伪反例，维护了“就”语义的一致性。

再比如，基于“小姑娘儿，猫儿，狗儿，小手儿，手绢儿……”作出“一儿”表“小而可爱”的概括，“小偷儿”是反例吗？

复大叫云：“偷儿在此！”（六朝《世说新语》）

尝有二偷儿入室……（六朝《搜神后记》）

把咱们看作小偷儿，咱们还见他作什么。（清《小五义》）

语料显示，“偷儿”形成于六朝时期，是以动词“偷”为词根构成的名词，“一儿”是构词后缀，到清代才加“小”成为“小偷儿”。而“猫儿、狗儿”中的“一儿”是构形后缀，二者没有同一性，“小偷儿”应该在数据甄别阶段就加以排除。

举个我们课堂上的案例。

在硕士生的一次课堂讨论中，一个来自日本的学生汇报了他的一项研究。他发现中国人有时说“你咋这么早就回来了？”，有时又说“你咋这么快就回来了？”。他要研究的问题是：是什么规则指导着中国人对“快”和“早”的选择？他的做法是问卷调查，其操作如下：

1. 设有句子 A 和 B：

A. 你咋这么早就回来了？

B. 你咋这么快就回来了？

2. 设有下列情形：

一个丈夫通常早晨 7 点出门上班，下午 6 点回到家里。若某一天丈夫在下面表格给出的时间里提前回到家里，妻子会选择 A、B 中的哪一句发问？要求被试在表格显示的时间下面选填 A、B。

时间	八点	九点	十点	十一点	十二点	一点	两点	三点	四点	五点
句子										

3. 把这张问卷发给吉林大学的理科生。

4. 收回问卷，进入数据分析环节。

数据分布呈现为三个区：

Ⅰ区："上午 8 点—10 点"这个时段都选 A 句。

Ⅱ区："下午 2 点—5 点"这个时段都选择 B 句。

Ⅲ区："上午 11 点—下午 1 点"是数据交叉区（A、B 都有）。

被试在Ⅰ、Ⅱ两个区的选择上具有一致性，数据暗示：在到家时间靠近早晨离家时间这个时区里选择 A 句（"快"句），在靠近正常到家时间这个时区里选择 B 句（"早"句），到家时间与两个端点的距离跟"快""早"的选择呈现了明显的共变关系。就这部分数据作出初步概括：决定使用"早"还是"快"的因素是参照时间，参照出发时间用"快"，参照以往到家时间用"早"；而参照什么时间取决于动作（到家）发生时间距离哪一端更近。

可是Ⅲ区的数据咋办呢？有在上午 11 点选择 A 句的，有在下午 1 点填 B 句的，这两种数据直接挑战上文的"初步概括"。对此，通常的反应是：遇到反例了！在这种情况下常会有这样的选择：强调语法研究不同于自然科学，不能指望有自然科学那样严整的规律，所以决定以优势数据立言，对弱势数据选择忽略。这种做法固然可以勉强捍卫"初步概括"，但不圆融，算不得一种真正的研究，其说服力是有限的。

难能可贵的是，这个日本学生没有选择这样做，他对Ⅲ区数据作了深入的分析：

该区虽然数据有交叉，乍看上去很混乱，但仔细观察发现，越靠近该区左端（离出发时间近），选 B 的越多，越靠近右端（离正常回家时间近），选 A 的越多——到家时间与两端距离有与Ⅰ、Ⅱ两区一致的共变关系，说明被试在该区的选择仍然是受参照点远近制约的。峰回路转，柳暗花明。

应该说这已经相当不错了，但还有一个问题他没解释：数据交叉是如何发生的？

在中心区域出现交叉，这个区域离两个参照点都远，判断离哪一端近比其他两个区更困难，所以会出现数据参差的情况——数据分歧由判断的困难导致而不是由判断标准造成；因而这部分数据并不构成对“初步概括”的挑战；相反，“初步概括”得到了进一步证实。

那些具有挑战性的数据并不构成反例，我们称它们为伪反例。

上边这个案例若再补上一个“接近中的缺乏表”就更完美了：比如在下列情形下，被试会选择 A、B 中哪一句发问？

1．师傅让徒弟去买包烟，……

2．老板让员工去取快递，……

3．一对青年去领结婚证，……

……

毫无疑问，发问者会选择 B：你咋这么快就回来了？因为在这类情形里只有一个出发时间作为参照点，不存在另一个参照点；即便发问者心中有一个应该什么时候回来的时间，那个时间也是模糊的，远没有出发时间那么清晰，不适合作参照点。

伪反例就要通过这种耐心的论证一个一个地排除，否则一条规则都立不起来。

能于混乱中见条理才是真本事，语法研究的魅力就在这个数据交叉区；如果选择放弃在这个区域里继续做工作，就等于一个旅游者放弃风景最为优美的景点。这层意思陈平（2015）说得既透彻又直观：

> 从研究者的角度来说，观察介乎两者之间的过渡阶段，往往更容易抓到事物的本质特征。举个例子，有个孩子问你为什么会有白天和黑夜，你回答说这是由太阳与地球的相对位置造成的，太阳在我们这一边，就是白天，太阳到了地球的那一边，就是黑夜。证明这一点的最好时机，不是最能代表白天的中午 12 点钟，也不是最能代表黑夜的午夜 12 点钟，而是清晨和黄昏，太阳慢慢升起和落山的时候，也就是说介乎白天和黑夜之间的两个时段，这时候解释白天和黑夜现象，能拿到最为清晰的证据。

上述案例给我们的启示是：数据交叉不代表所依据的标准不一致。为强调这个思想，我们提出一个数据合理交叉区的概念，简称合理交叉区：

按照一个规则编码的过程中，难以判断的情况会使精准落实规则遇到困难，从而出现数据交叉；数据交叉是合理误差的语言编码表现，此种数据交叉不能否定编码规则。

希望下面这个比方可以降低理解这个概念的难度。

告诉一群小学生，在给定的图形中只有正方形和长方形两种，并反复强调边长相等的是正方形、边长不等的是长方形这个判断标准，然后请他们通过目测把这两类图形分开。可以预测的结果是，对长宽比大的和边长相等的图形应该有一致的判断结果，长宽越接近的图形越难以判断，越容易出现意见分歧，这就形成了数据交叉区。我们不能因为这种分歧而否认被试者心中有共同的指导标准（标准是明示的）；由于分歧不是判断标准导致的，因此不能据此数据而否认“边长是否相等”这条标准自始至终的指导作用。让四年级小学生做“342195×657842＝？”这道题有可能算错，但即便有较多学生算错，你也不能用错误的结果去否认他们的计算过程是由乘法口诀指导的。我们寻找的是指导规则，数据交叉并不影响我们确立这条规则。

合理交叉即合理误差，有了合理交叉区这个概念，我们对“语法规则无例外”[①] 更有信心了。

合理交叉区的核心思想是，例外有时并不是规则的反例。规则是绝对的，但规则执行往往是粗放的；人们不是经过精确测量以后才说话的，因而在判断有难度的区域里，几种说法都对而且无语义差异——数据交叉不仅是合理的，而且是必然的。

前文曾提到袁毓林（1999）对多层定语的语序规律曾有这样的概括：对立项少的定语排在对立项多的定语之前。

接下来作者也遇到了数据交叉的情况：

单人圆顶蚊帐—圆顶单人蚊帐

实用汉语语法—汉语实用语法

快速燃气热水器—燃气快速热水器

大型彩色纪录片—彩色大型纪录片

---

① 徐杰：“汉语语法的理论问题”讲课视频。

作者对这些数据的处理特别值得称道：

（1）没有把右端的数据当作反例处理为例外；

（2）没有讨论左右两端意义的差别；

（3）坚持原来的概括没有动摇。

作者这样解释数据交叉：当两个定语的对立项的数目大致相等时，它们可以互换位置。

“对立项的数目大致相等”就难以比较多少，形成两种编码很自然。两种编码都是对立项多少指导的，并不是基于特定语义表达的——它们并无语义差异。

合理交叉区我们后边还会不断提到。

数据分析过程中最后要注意的是原则竞争。

语言编码不是由单一原则指导的，几个编码原则会产生竞争，结果是某个原则胜出，其余的原则被压制，这是经常有的情况。汉语被学界公认为最具象似性或者说象似性极高的语言，甚至被称为“绘画式语言”（参看：戴浩一，1988）。“春生，夏长，秋收，冬藏”完全按自然时序更迭顺序编码，体现了象似性原则，而人们经常挂在嘴上的“春困，秋乏，夏打盹”则违背自然时序。按照象似性原则应该是“春困，夏打盹，秋乏”，可是“232”节奏太不适合汉族人的耳朵，七言诗一般取“223”节奏（远上/寒山/石径斜。锦瑟/无端/五十弦），这是节律原则压制了象似性原则。节律原则在汉语里是一个很强的原则——逢之者死。因原则竞争而出现的例外是可以解释的例外，是伪反例，不能据之否定被压制的原则的存在。

2.4 关于概括结论

结论概括是语法研究很关键的一环，要注意的事项有：

2.4.1 不要作数据分裂式概括

我们前面曾涉及数据分裂式概括，现将其定义为：

数据分裂式概括，即对同一观察对象所得的数据进行分类，然后逐类概括出规则，或仅据优势数据概括出规则而将劣势数据处理为例外。数据分裂式概括的本质是综合性不足，其极端情形是随文释义。

数据分裂式概括明显违背本质的属性A，但很多学者确实会这样做。比如，某文献把“吧”的语法意义归纳为四种：

A义：要求听话者予以证实。

你衣服穿少了吧？

B义：征求对方意见。

你看我现在也不太胖吧？

C义：建议对方做什么或采取什么行动。

大少奶奶该换换衣服了吧？

D义：建议为对方做什么或采取什么行动

我给你拿一杯冷水吧。

再比如，某文献认为“V_1 多少 V_2 多少”整个格式可以表示以下几种意思：

1. 强调所存在的数量大，需求不受限制，含有夸张意味：

我们货源充足，你要多少有多少。

一下雨林间处处都冒出了蘑菇，想采多少就有多少。

2. 强调求实，按实际需求给或取：

你知道多少说多少，实事求是。

吃多少拿多少，别浪费了。

3. 强调后一个数目跟前一个数目等值：

你借多少还多少，我怎么能要你的利息呢？

这个机器呀，你放进去多少子儿就吐出来多少子儿。

这种极端的情况目前已不太常见，更多的是基于优势数据的概括，比如对“被”字句语法意义的概括。学界基于“他被打伤了”这种主语倒霉句占多数（优势数据），就将“被”字句的语法意义概括为：“被”字句通常表示不如意。用“通常”这个字眼儿给“去年他被提拔到中央了”这种“如意”句留个口子。这种概括表述清楚了是下面这个样子：

“被”字句的语法意义：

A. 通常表示不如意。（基于优势数据）

B. 偶尔也表示如意。（基于劣势数据）

这还是停留在现象层面，还是见啥说啥，距离本质尚有相当距离。

不要急于就优势数据作出结论概括，要重视“少数”。姚振武（2005）：“由于‘少数’往往不易被观察到，所以它常常具有特别重要的，甚至是决定性的意义，这在科学研究中是十分常见的。而对于已观察到的‘少数’现象有意忽略不计倒是令人惊讶的。可以说，只重视‘多数’，轻视或者忽视‘少数’，这种方法在科学研究中是不可思议的。”在中国境内调查，河水向东流肯定是优势数据，在世界范围内普查，水向低处流也一定是优势数据，然而这些优势数据与水的流动规律毫无关系。“不要急于就优势数据作出结论概括”有例外的一层意思：可以就优势数据作出结论概括。这并非前后矛盾。在对“反例”进行排查后，若发现是原则竞争所致，则此类“反例”是可以解释的；因此，对基于优势数据的结论并不构成挑战，概括是有效的，这或许是学界一直重视优势数据的深层原因。从这个意义上说，我们赞成张伯江（2000）的观点：“从典型范畴理论来说，范畴里最大量出现的实例总是例示了该范畴的原型。”要充分重视优势数据，它是提出假设的起点。这里的思想可归纳为：对反例选择忽略而就优势数据作出概括是极不严谨的，也许那个规律也被你说对了，但那是盲目的，不圆融的，也是高风险的（容易导致“水往低处流”式的错误）；通过对反例进行解释来捍卫基于优势数据的概括是研究的必经路径；反例无法解释时，修改或放弃原来的概括是明智的。

2.4.2 避免作违背数据分布推论的概括

数据分布推论前面已经较为详细地讨论过，鉴于违背数据分布推论的概括普遍存在，有必要反复强调。在举例说明之前，有必要重温一下数据分布推论的定义。

数据分布推论：在考察同一对象时，若数据在同一维度的不同区域上有分布，则对象的本质与这一维度无关。

下面是一些数据分裂式概括的例子：

例 1：在表示动作重复发生或继续进行时，“又”用以表示说话人陈述自己或别人的动作、状态已经或将要重复、继续的情况，多用于已完成或者新情况已经出现，也可用于新情况即将出现。

这段概括两次违背数据分布推论。“又”既能用于自己也能用于他人，说明“又”的本质与“自己—他人”这一维度无关。又因为“自己＋别人＝所有人”，从这一点上也不难看出“自己或别人”这一表述没有意义。“又”能用于“已完成、已出现”的情况，也能用于“即将出现”的情况，这样的数据已经明确告诉研究者“又”的本质与“时（tense）”无关。这就相当于说“18 岁以上男性公民或女性公民有选举权”，既然男女都有选举权，就是在性别上没作规定——选举权与性别无关，所以“男性公民或女性公民”的表述纯属多余。

例 2：“又”用于表示由于客观的需要或主观的意愿，将要重复出现的某种情况。

例 3：V 不 C 结构（吃不饱）主要用来表达由于受主客观条件的限制不能实现某种结果或趋向。

例 4：“V 不了（O）”结构可表示因主观或客观上的原因，比如为能力、权力所限而“不能有某种行为”或者“无法从事某种行为”。

例 2 至例 4 都是主客观并论，语法论著中这样的概括随处可见，不胜枚举。既然讨论对象在“主观—客观”这一维度上没有特殊表现，就是不存在这一维度上对它的制约，在数据分析阶段就应放弃基于这一维度的研究。“主观原因＋客观原因＝一切原因”“主观条件＋客观条件＝一切条件＝无条件”，这些等式也能告诉我们“由于主观或客观条件”“由于主观或客观原因”之类的表述等于啥都没说，徒增混乱而已。

2.4.3 牢记奥卡姆剃刀

头脑中要有“奥卡姆剃刀①”，特别不要进行正反两个角度的概括。比如在讨论句子中哪些 NP 可以位移时，生成语法只指出不能位移的情况，提出孤

① 奥卡姆剃刀，又称奥卡姆原理，只有一句话：“如无必要，勿增实体。”奥卡姆自己的解释是：“切勿浪费较多东西去做用较少的东西同样可以做好的事情。”（《箴言书注》2 卷 15 题）此论从 14 世纪开始被西方学界奉为圭臬，是评价理论优劣的重要标准：若几个理论能解释同样多的现象，具有相同的预测力，那个最简单的最好。

岛限制（Island Constraint）[①]，而不是在指出什么情况下不可以位移后，再总结什么情况下可以位移。我们的传统是正反两面都说，比如一个语法成分什么时候用、什么时候不用，学界通常叫这个成分的隐现规律。研究者既说什么时候“隐”，又说什么情况下“现”，看似全面，实无必要。这样做的弊端是使规则繁化，从而使语法系统复杂化。例如：

> 本文基于叙事小说语料库研究序列事件语篇中的“了$_1$”隐现规律。从宏观上讲，“了$_1$”的隐现受制于语篇功能，而具体的隐现规律则必须结合小句的具体情状特征分析。序列事件的语篇要求完整体小句倾向传达完结有界特征在这个语篇功能制约的前提下在序列事件完整体小句中，如果可以出现在“了$_1$”前的补语类型出现了，小句倾向于不出现体标记“了$_1$”，这是优先考虑的条件；如果只能位于“了$_1$”后的补语或者宾语出现了，小句倾向于要带体标记“了$_1$”。进一步具体地说，就是：
>
> 1）“了$_1$”前的补语类型“结果补语”和“趋向补语”出现了……“了$_1$”可以不出现。
>
> 2）但是如果这两种补语不出现，……“了$_1$”倾向于需要出现。

结论部分应该呈现清晰的规则，由于正反都说、表述烦琐，看上去不像结论。

2.4.4 尽量达到描写的充分性

Chomsky（1965）提出语法学的三个层次：

（一）观察的充分性、描写的充分性和解释的充分性。观察的充分性是指语法学家建立的语法系统没有遗漏已存在的类型，描写的充分性不仅对已存在的类型没有遗漏，还要涵盖可能有的类型[②]。对此，Smith、N. & Wilson、D.（1979）的理解是：

> 一种观察充分性的语法只记载存在的词项，排除所有非存在的词项。一种描写充分性的语法还要把非存在的词项加以区分，指出：

① 参见 Ross（1967），Radford（1981）。

② A linguistic theory must contain a definition of “grammar,” that is, a specification of the class of potential grammars. 24 页。

其中有些是偶然空缺，随着词汇扩展还可能用得到，而其他词项则绝不会出现，因为它们违反英语的潜在规则。下面的 a 属于第一类，b 属于第二类：

a. clook，lom，marp，ager（语言中没有，但可以有）

b. bnook，hlom，msarp，aaaaager（语言中没有，也绝不会出现）

（汉译本 255—256 页）

徐烈炯（2009：47）的解释是：

/pik/是英语中的一个词，/blik/和/ftik/都不是英语词，它们之间有差别。但是/blik/和/ftik/之间也有差别：/blik/之所以没有成为英语词汇成员是出于偶然的原因，而/ftik/不能成为英语词汇成员是出于必然原因。今后如果出现了一个新概念，需要一个新词来表达，英美人有可能选用/blik/，拼写为 blick，但绝不会用/ftik/。上述两种差别中前一种差别能直接观察到，而后一种差别只能凭语感判断，无法观察到，也无法通过搜集语料用归纳法发现。<u>以观察为目标的语法只需指出前一种差别，以描写为目标的语法要描写后一种差别，要总结出规律：哪一类音素序列可以成为词，哪一类音素序列不能成为词</u>。（下画线为笔者所加）

徐烈炯（2009：50）这一段也很富有启发性：

乔姆斯基（1964）指出现代语言学流派中继承布龙菲尔德的美国结构主义学派和以弗斯为代表的伦敦学派都基本上只把以观察语言现象作为研究目标。传统语法表达方式虽然不科学，但研究目标都比这些现代流派高。传统语法想更多地反映语感，遭到了结构主义学者的批评。按叶斯柏森（Otto Jespersen）的看法 a 和 b 有所区别：

a. the doctor’s arrival

b. the doctor’s house

从表面结构上看两者都是由“限定词＋名词所有格＋名词”构成的词组。但是 a 中 doctor 和 arrival 之间的关系是主语与动词之间的关系，b 中 doctor 和 house 之间不存在这种关系。按结构主义的直接成分分析法 a 和 b 的成分结构没有任何区别。因此奈达（Nida，1943）曾批评叶斯柏森“把形式和功能的价值严重地歪曲了，复杂化了”。实质上他们的分歧在于奈达认为语法只要观察事实，不必寻求表面现象背后的规律，而叶斯柏森却试图达到更高一级的研究目标。

描写的充分性不容易达到，但必须树立这样的目标：即便达不到，至少要有这种观念。秉持什么理论，就会有什么样的眼光。下文呈现的一系列事实将有助于理解这句话。

20 世纪 50—80 年代，朱德熙和吕叔湘都认为单音节形容词修饰名词是不自由的，这个观点获得了学界的广泛认同。

朱德熙（1956、1982：73—74）认为下面打了“*”号的都是不能说的：

贵东西—*贵手绢	小自行车—*小报复
薄纸—*薄灰尘	短袖子—*短沉默
脏衣服—*脏糖	黄制服—*黄汽船
重担子—*重箱子	绿绸子—*绿庄稼
窄心眼—*窄布	蓝墨水—*蓝天空
凉水—*凉脸	聪明孩子—*聪明动物
厚脸皮—*厚雪	滑稽电影—*滑稽人
香花—*香饭	老实人—*老实学问

吕叔湘（1965）：

多数单音形容词在修饰名词的时候，都表现出一定的局限性，尽管意思能讲得通，不一定就能组合在一起。大、小、好、坏、新、旧等等是比较自由的，别的形容词就往往有所选择。比如有“高楼”，没有“高树”；有“薄板”，没有“薄墙”；有“凉水”，没有“凉食”（只有“冷食”）；有“深秋”，没有“深春”（只有“暮春”）。又比如，只有“远方”，没有“近方”；有“快船”，没有“慢船”；有“重炮”，没有“轻炮”；有“高价”，没有“低价”（只有“平价、廉价”）。这种选择性可以说是构词的特征，人们倾向于把大部分单音形容词和单音名词的组合看作是词而不是词组，不是没有理由的。

吕叔湘（1966）：

单音“形”修饰名词，大致可分为三种情形：

(1) 比较自由。只有少数几个：大、小、新、旧、好、坏、真、假。

(2) 不太自由。大多数属于这一类：

重担子；*重箱子｜短头发；*短辫子｜脏衣服；*脏鞋｜弯路；*弯街｜高山、高峰；*高山峰｜闲工夫；*闲日子｜错字；*错数目｜难题；*难问题｜蓝墨水；*蓝海水｜红水河；*红水｜黑水河；*黑水

再比较：

远道；*近道｜巧手；*笨手（除非连着“笨脚”）｜高台阶；*低台阶｜粗线条；*细线条｜热炕头；*冷炕头｜冷板凳；*热板凳｜粗茶淡饭；*淡茶粗饭｜青山绿水；*绿山青水

(3) 局限性很大，甚至完全不修饰名词。这也只是少数：

瞎，饱，贵，贱，松，紧，迟，美，稳，对，行，差，够，完

吕叔湘（1979：20）：

我们知道，形名组合不是很自由的，特别是单音形容词。例如我们说“高山”不说“高树”，说“错字”不说“错数目”，说“脏衣服”不说“脏鞋”，说“闲工夫”不说“闲日子”，说“巧手”不说“笨手”，说“热炕头”不说“冷炕头”，等等。组合不自由，就是有熟语性。这是复合词的特点。短语的组成，原则上应该是自由的，应该是除意义之外没有任何限制的。[①]

结构主义语法考虑的是有没有，生成语法考虑的是能不能。两位前辈是结构主义的高手，这样看问题并不奇怪。我们来看看秉持功能立场的学者怎么看这个问题。

沈家煊（1997、2011）：

朱德熙（1956）说单音形容词直接作定语受限制，如可以说“白纸”不说“白手”，不说“重箱子”只说“很重的箱子”，但是赵元任（1968）早就指出：这种限制“只能说是一种倾向，不算规

① 其实，被两位前辈打“*”的很多例子在语料库里都有用例，有的数量还相当大，比如“厚雪”有23例，如“有1000多公里的公路被厚雪堵塞，不能通行”。“近道”70多例，“低价”居然有3000多例。那个年代还没有语料库这种工具，个人的语言经验不可避免地带有局限性，对某些材料的误判是可以理解的。

律"，"重箱子"不是绝对不能说，像"你不累吗，老提溜着那么个重箱子?"的说法就很自然，"凉水"常说而"凉脸"少见，但是"别拿你那凉脸挨着人!"不算不合语法。沈家煊（1997）曾指出，之所以常说"白纸"而不大说"白手"，那是因为我们通常按颜色给纸分类但不按颜色给手分类，不但汉语一般不说白手，英语一般也不说 white hands，但是只要特定的语境允许按颜色给手分类，说话人就会毫不犹豫地用白来直接修饰手，如幼儿园老师会对小朋友说"伸出你们的小手来看看谁是白手谁是黑手"。因此严格地讲单音性质形容词直按作定语所受的限制并不是语法上的限制。

袁毓林（2006）：

值得注意的是，朱德熙（1956）已经揭示"性质形容词—名词"组合"是一种具有强烈凝固趋势的结构，它的结构原则不是自由的造句原则"；因为其中的定语"是限制性的"，"是作为分类的根据而存在的，分类的根据只能是一种属性，因此，凡是不表示属性，单纯表示数量的形容词——'多'和'少'——就不能直接修饰名词"。不仅有的形容词不能直接修饰名词，能直接修饰名词的形容词也不能自由地修饰任何在意义上可能的名词。比如，下列朱先生举过的例子：

a. 凉水— ＊凉脸

b. 薄纸— ＊薄灰尘

c. 短袖子— ＊短沉默

d. 聪明孩子— ＊聪明动物

其中有语用交际方面的原因，那就是使用语言的人（社团）认为有没有这种分类的必要。比如，人们觉得有必要把孩子分成"聪明孩子—笨孩子"两类，但是一般的人没有必要把动物分成"聪明动物—笨动物"两类。当然，对于动物园的管理人员来说，也许有此必要；相应地，可能会有这种说法。可资比较的是，"多"作定语现在已经比较普遍了。例如：

多功能、多用途、多方面、多视角、多侧面、多平面、

多层面、多层次、多渠道、多镜头、多场景、多通道、

多子女、多线索、多用户、多媒体、多纤维

也就是说，形容词有潜在的作定语的功能；只是由于语义、语用等方面的原因，使得某些形容词只能跟某些名词搭配，某些形容词较少甚至不能直接修饰名词。

看来，两位功能主义学者都不把单音节形容词修饰名词受限的原因归于语法。

结构主义关注语言行为，说“这个没有，结论必须排除它”；

功能主义关注交际需要，说“这个在需要时可以有，只是缘缺未生，结论不能排除它”；

生成语法关注生成机制和规则允准，说“规则允许这个有，结论必须涵盖它”。

从这里应该吸取的经验是：概括出来的规则不仅要考虑已有的，还要照顾到可以有的，这样才可望达到描写的充分性。

有一句话在学界广为流行：有多少材料说多少话。这句话是一个长期以来坚持眼见为实的民族在血液中生成的，一直被学界奉为治学原则。一代一代的老师就这样告诉一代一代的学生。但是，在这里，我们不得不冒着犯众怒的危险指出，这句话看似表明了一种老实的态度，但在我们看来这个说法是需要反思的，甚至是极为有害的：因为它局限于已见材料，因为它用已见材料禁锢研究者的思维，因为它取消了理论的预测功能，从而取消了理论，这句话不知误导了多少学子。

2.4.5 概括的层次

我们一直强调达于本质，就是达到最高概括，最高概括就一条；但是，最高概括往往不是一种实用的概括。道理很明显：越抽象，越难以理解，越不易操作。所以，达到最高概括以后还需要往回走一步：将那一条最高概括分解为容易理解和操作的有限几条。比如研究一个虚词，要先找到那个最本质的意义——最高概括，然后分解出由这个本质意义统摄的、相互之间具有较好区别度的几个意义。顺序很重要，一定要先得到那个最本质的意义，它是一个语法形式几个义项具有系统性的基本保证。屈承熹（2006 • 英文版序）指出：

我认为传统称作“虚字”的结构标记，在其多种解释的背后应该有一个统一的、贯穿一切的意义。如对于“嘛”，我的假设是，它的意义是表示说话者对所说内容的坚信不疑。从这一点出发，作为句法语义标记，它就可以用于各种上下文；作为语气标记，它表示坚持己见；作为篇章标记，它表示显而易见。用这种方法，就可以避免为同一个字提出几套各不相同的、意义含混而且常常彼此矛盾的解释，例如“嘛”表示愤慨、表示强烈赞成或不赞成等。

这就形成了一个基本意义[①]统摄下的由两个义项构成的词义系统，两个义项的内在联系清晰明了。

对任何虚词语法意义的研究都应该梳理出一个词义系统，既然叫系统，义项间就必须具有内在联系；而这个内在联系要靠那个最基本的意义来保证：每个义项都含着那个基本意义，具体义项是基本意义的领域派生。与基本意义失去联系的义项，不属于这个词。这样说的哲学依据是：本质具有普遍性，它不会此有彼无；本质具有恒久性，不会时有时无。

陆丙甫《副词“就”的义项分合问题》（1984）在这方面即便不是最早也是较早的一个范例，我们略作介绍。

副词“就”的语法意义，《现代汉语八百词》归纳义项 21 个，马清华、常敬宇（1980）13 个，《现代汉语词典》10 个——粗细不同，交叉叠见。

陆先生的第一步是概括出“就”的基本作用：限制范围，强调少量。

“就”既然是限制范围，就要先明确限制对象。“就”限制的对象分布在“就”的身前或身后。其形式标志是：“就”前成分重读，限制对象在前；“就”自身重读，限制对象在后。

明天就要去出差了。（限制对象在前）

我们全组就他一个人没去。（限制对象在后）

接下来是将“基本作用”与“就”的使用领域联系起来得出义项：

从不同角度去看，这又可以解释成强调时间上的“早”或“快”，空间上的“近”，推理上的“直截了当”“简捷”，意志态度上的“说一不二，无须多说”，等等。

① 词汇学领域把一个词的最常用意义叫作基本意义，我们这里的基本意义是指屈承熹说的在几个义项背后的那个“统一的、贯穿一切的意义”，也就是我们说的“最高概括”。

这样，“就”只有四个义项，这四个义项都由“基本作用＋领域制约→义项”这个公式导出，例如第一义项：

限制范围，强调少量＋时间域→“快”或“早”

这就保证了义项与“基本作用”之间的联系，从而保证了词义的系统性。

看着容易做起来难，这话一点儿不假。请看陆先生对下面这一组数据的处理：

> 你不让我干，我就要干。
>
> 不去，不去，就不去！
>
> 我就不信我学不会。
>
> 女儿就女儿吧。
>
> 比赛就比赛吧，输了也没关系。

作者把这组“就”解释为在思量、抉择上用力少：

> 限制主观选择范围，强调主观态度的“说一不二、坚决，不必多劝说”或者“随便它去，宽容，不必多追究”，或者“显然如此，确定；不必多怀疑”。

把这组“就”同“限制范围，强调少量”这个基本作用联系起来是不容易的，然而作者信手拈来就解决了，大概这就叫学术功力吧。

回到我们的话题上来，研究一个语法形式（包括一个构式）的语法意义，概括的层次是：先抓到那个最基本的意义，然后把这个意义同这个语法形式的使用领域联系起来，得出较为具体又具有足够区分度的几个义项。写成公式是：

基本意义＋领域制约→义项。

2.5 同题盲写对照法

在本章快要结束时，我们谈谈如何迅速提高撰写语法论文的能力。

能够撰写语法论文意味着你已经获得语法研究能力，如何在这方面尽快成长，我们这里推介一种被实践证明有效的同题盲写对照法。假如你是一个硕士生或博士生，对语法研究有热情但不得其门而入——写不出论文来，你可以试着这样做：找一本语言刊物，翻开来看它的目录，审视论文的标题，在你有感觉的题目下停下来。然后思考：这个题目能写什么呢？这时你不要急于看论文内容，把题目抄下来自己去试着写，写完以后再和那篇论文对照。比如你翻开的恰好是《汉语学习》2001 年第 5 期，你对目录上侯玲文的《“不经常×”和“经常不×”》有感觉，你把这个标题抄下来，放下刊物自己去搜集数据。进入 ccl 语料库，下列数据唾手可得：

“不经常”用例：

他一家子都在那儿，不经常来。

他不经常在公开场合露面。

这幢楼有近 20 套房子从来没人住过，还有十几户不经常住人。

维伦纽夫赛道不经常举办比赛，因此路面很脏。

但我不经常回哈市，与他们的关系都有点儿疏淡了。

他由于年龄和家庭的缘故，不经常加班了。

他和史蒂芬并不经常见面。

……

“经常不”用例：

各州对于中央政府非常不重视，经常不派员参加中央会议。

陈叔陵夜晚经常不睡觉。

在北邮，我经常不去上课。

表兄在外面被一个妓女迷住了，经常不回来。

由于维修时间要求紧，他经常不能按时吃饭。

欧盟委员会经常不经讨论就把成千的指令发到各成员国。

……

用例很多，要选择好的。什么样的是好的？具有自证性的是最好的。

将两组数据对比就会发现“不经常”与“经常不”不能互换，这意味着二者语法意义不同、使用条件不同。你试着分析用例寻出它们的差别。“经常不”的语法意义很容易观察出来：“经常不 VP”表示应然而未然的情况一再发生——应该那样，但经常没有那样——反常。因为是“反常”，所以这种句式经常用来埋怨、指责、批评一种行为。

用例显示："不经常 VP"是一种较为客观的陈述。

这仅是初步认识，不要停，继续考察会有更多发现，最后写成论文。这时你把那篇论文打开认真读一遍。经过对照，你会发现某些认识与作者一致，这会使你得到鼓舞，增强自信，增加研究热情。也会发现不一致的地方，或者你的观点比对方更合理，或者你被对方说服。当然，前一种情况对你更为有利，后者也有价值：让你意识到差距，帮助你纠正认识的偏差。最不理想的情况是对照之后，跟那篇论文完全不一样，而且被那篇论文完全征服。这时，也不要灰心，经此一事你也会有进步，换一篇再来。经验表明，这样写 5 篇，论文就上路了。若你写了 5 篇仍然不得要领，就会陷入沮丧，初始信心经不起一再打击，估计你也不会再具有研究的热情，那只能给一句忠告：换个领域去发挥您的才能吧。

同题盲写对照法的原理就是找高手下棋，目的是使自己成为高手。此法具有如下优点：

1. 不愁题目。通常老师会告诉学生多练，可是找个题目来练也要花费一些功夫，同题盲写对照法是写已有的题目，不必在题目上花过多的精力。

2. 检验便捷。学生的习作是否成功通常由导师来检验，学生把作品交给老师后会期盼老师的意见。可是一个导师带硕士生、博士生十几个，自己还有授课、科研任务，哪里有那么多时间逐个指导？所以，作品交上去没有回音或只给几句原则性的评语都是可以理解的。采用同题盲写对照法就不同了，已有同题论文就相当于给定的参考答案，对照以后自己就知道哪里弄对了、哪里弄错了、应该怎样改进。

3. 同题盲写对照法可以使学生极快地获得论文写作能力。

按此法写两篇论文胜似听一年课。

使用同题盲写对照法应注意如下事项：

1. 用来对照的论文一定是语言学专业刊物上公开发表的，语言学专业刊物上的文章都是由语言学家层层把关的，它的质量有一定的保证。

2. 选那些一事一议、9000 字以内的论文。讨论复杂问题的大论文论证过程复杂，不是初学者可以把握的。

第三章

语法研究的理论准备

理论给人眼光，理论给人办法，理论是研究的工具；理论之于研究者有如武器之于战士，一个不掌握理论的人没有可能进行任何研究。任何研究都从发现问题开始，没有理论连问题也发现不了。大质量的星体会导致光线弯曲是爱因斯坦给出的理论预测，人们按照这个预测发现了相应的事实；化学家们按照门捷列夫的理论发现了所有被他预测到的元素；孔雀美丽的大尾巴令人赏心悦目，可是它让达尔文感到芒刺在背①。科学史上这种反复出现、俯拾皆是的事实在反复地告诉我们一个道理：发现需要理论的指引。“他死了老伴儿”“苹果他吃了一个”（沈阳，1995）这种司空见惯的语句有研究价值吗？一个不了解配价理论的人的回答极可能是否定的；但在沈阳看来这种句子不但有研究价值，而且特别重要，因为它蕴含着当时的配价理论解释不了的问题。施春宏（2010）：

> 面对同样的语言现象，人们的看法不同，显然是由于背景不同的、深浅有别的理论干预的结果。……事实是理论背景下的事实，纯粹的客观现象虽然存在，但倘若进入不了描写的视野，是不能看作语言事实的。也就是说，客观存在的语言现象是否进入研究者的视野，即是否被当作理论观照下的事实，有很大的相对性。……在观察渗透着理论的观念支配下，理论的发展会帮助我们寻找、分析和理解语言事实。我们平常所说的“挖掘语言事实、发现新的语言事实”中的语言事实，就是这个意思。事实是现象之沙的金子，要想顺利地淘到金子，便要知道哪儿有金子，还得有淘金的工具，“知道”就是带有理论的认识，淘金工具就是分析技术或模式。

理论是研究的必要准备。本章介绍目前汉语语法研究领域里正在使用的几种理论，遵循以下原则：

1. 只介绍理论的核心内容、操作方法，不详细介绍理论创始人和理论产生的背景，不梳理其发展脉络，不讨论争议性观点；

2. 重视理论在汉语研究中取得的成果，显示理论的效力。

毋庸讳言，这是低标准的，而且是实用主义的。我们用系统性换取实用性，采取这种立场基于本章写作的目的：

---

① 因为它挑战了进化理论：自然选择应该导致物种在形态上经济有效，而不是奢侈和炫耀。后来达尔文对此提出“性选择”理论，解释了这种现象，丰富了进化论。

1. 让一个有意投身汉语语法研究的青年（比如一个硕士生或博士生）了解理论在研究工作中的重要性，从而使其重视理论。

2. 让一个为撰写学位论文发愁的青年知道目前有哪些理论可用。

牺牲系统性肯定是一个缺陷，但这个缺陷是可以补救的。当一个热心语法研究的青年真的认识到理论在他的研究工作中不可或缺的时候，他就会自己去寻找它，梳理发展脉络就会成为他的自觉行动；相反，如果压根对理论的意义没有认识，那么他什么都不会做。所以，唤起兴趣比系统介绍更重要。

回顾汉语语法学史，引进理论见效最快的是朱德熙（1978）和沈家煊（1995），两篇文章都没有系统介绍自己所用理论的来龙去脉，而是直接使用理论的核心思想解决汉语语法的具体问题。前者发表后立刻引发了配价语法的研究热潮，后者则直接让学界见识了“有界—无界”这一认知理论的解释力和预测力，界性理论几乎是一夜爆红。唤起国人对理论的兴趣的最有效办法是先展示效果，所以我们的做法也是对前辈的模仿。

本章要讲到的理论是配价理论、功能语法理论（重点是象似性理论、图形—背景理论和构式语法理论），已经熟知这些理论的读者可以选择跳过。

3.1 配价理论

配价理论是法国语言学家特思尼耶尔（Lucien Tesnière）在1939—1950年这段时间创立的依存关系语法（grammar of dependency）的一部分[①]。要说明的是，该理论引入以后有所发展，下面介绍的是国内学界的主流看法，与特思尼耶尔原来的思想不尽一致。

3.1.1 配价理论的核心

配价理论的核心思想：

> 动词是句子的核心，是支配成分，而与它一起构成句子的必现

① 理论的具体背景参见冯志伟（1983，2014）。

名词性成分则是从属成分，通常叫作动词的配价成分。动词按其所需配价成分的多少分为一价动词、二价动词和三价动词。确定价语数目要在零语境的最简小句中进行。

解析：既然是依存语法，就必然要区分核心成分和非核心成分，让非核心成分作为从属成分依附于核心，受核心的支配；因此，在依存语法中核心具有极其重要的地位。在一个句子中出现几个名词性成分，出现哪类名词性成分，都是由动词决定的，所以动词是核心。这种动词核心说由特思尼耶尔首倡，后来菲尔墨的格语法、切夫语法、乔姆斯基的生成语法都贯彻了这个思想。

构句时只要求一个 NP 作为配价成分，与之共现的是一价动词，如下列句子中的动词：

我游泳。他休息。他醉了。孩子病了。

打雷了。出太阳了。冰化了。水开了。

（例句引自：朱德熙，1978）

以此类推，要求两个 NP 共现的是二价动词，最常见的情况是两个 NP 一个作主语，一个作宾语。如：

我写字。她坐火车。我姓王。台湾属于中国。他有两个孩子。

（例句引自：朱德熙，1978）

要求三个 NP 共现的是三价动词，最常见的情况是三个 NP 一个作主语，一个作直接宾语，一个作间接宾语。如：

我送他一本书。我告诉你一个好消息。

他借我一辆车。他教我数学。

（例句引自：朱德熙，1978）

有没有零价动词？朱德熙（1978）把“打雷”的“打”分析为一价动词，否认了“打雷”是一个词，照此，“下雪，下雨，刮风”等也都是词组身份。因此，汉语没有零价动词，动词的价语最多三个，最少一个，这是学界通说。

确定一个动词的价数要在零语境的最简小句中进行，这样才能保证词有定价。比如，“咳嗽”这个动词，它只要求一个名词性成分与之共现“NP 咳嗽”。当然，也可以用“咳嗽”造出“他昨天咳嗽得很厉害”这样的句子，这个句子含有两个 NP。可不可以说在第一个句子里“咳嗽”是一价动词，而在第二个句子里是二价动词呢？不行。第二个句子不是“咳嗽”的最简小句，不能据以确定价语的数量。听到“我吃”，零语境的情况下不清楚吃什么；“吃苹果”，零语境的情况下不清楚谁吃，语义都不自足。因此，“我吃”“吃苹果”都不是“吃”的语义自足的最简小句，都不能作为确定“吃”这个动词的价语数目的依据。“我吃苹果”是一个语义自足的最简小句。在这个句子里有两个强制性 NP，所以“吃”是二价动词。“这把刀我切肉”里有三个 NP，朱德熙（1978）、周国光（1995）等认为“切”是三价动词，不为语法学界所接受，因为那个句子不是“切”的最简小句。“我给他一本书”是关于“给”的语义自足的最简小句。这个句子里有三个 NP（我，他，一本书），缺了哪个句子的语义都不自足，这三个 NP 都是强制性出现的（必有成分），都是动词“给”的配价成分，所以“给”是三价动词。

配价本质是语义的，这一观点周国光（1995）的论证最为充分。价语是动词内涵的语义成分在编码过程中投射在句法平面的，具体投射为哪种句法成分要视具体动词而定。比如“商量”是三价动词，词义内含两方参与者和一个要决定的具体事情，这三个语义成分都要码化为 NP 并投射到句法平面才能构建出“商量”的最简小句①：

（1）我跟他商量这件事。

（2）这件事我跟他们几个商量。

（3）我跟一帮哥们商量去哪旅游。

（1）（2）的配价成分都是 NP，（3）的“去哪旅游”要看作宾语从句，它也是名词性的。

施事、受事、与事是典型的价语；通常把时间 NP、处所 NP、工具 NP 排除在价语之外，因为所有动词都内在地具有这三种成分，连“想、说”都可以有工具成分（用心想、用脑子想、用嘴说），把它们都算价语就是将所有动词都增加三价，这就像大家都穿上同一规格的高跟鞋以后再比较身高，毫无意义。

---

① “我们俩商量过这件事”显然是语义自足的，但句法层面只出现了两个 NP，实施“商量”的双方合并为一个 NP，这种现象经常发生在“争执、讨论、吵”这种相向动词（参看：刘丹青，1986）中，这是语义和句法之间的不对应现象，值得深入研究。此外，“商量”的一个参与者前有介词，不宜看作介词短语作价语，通常将介词看作一个价语的某种语义身份的标记。

3.1.2　配价理论的汉语实践

本小节介绍配价理论在汉语研究中解决了什么问题。

（1）“VP的N”中“VP的”的指称能力问题。

“开车的人”与“开车的技术”都描写为“VP的N”，可是“开车的”可以指称“开车的人”，却不能指称“开车的技术”，显然有这样一个问题需要解决：“VP的N”中“VP的”在什么条件下可以指称“VP的N”？朱德熙（1978）的回答是：当N是V的价语时。“开”在driver意义上，内含两个价语（目前更流行的说法叫“题元”或“论元”），即驾驶者和车。只要出现在N位置的是“开”的价语，“VP的”就有指称整个“VP的N”的能力，否则没有。朱先生的结论很自然地引申为：“VP的”只能转指“V”的缺席价语[①]。这个概括可以预测“开车的”能够指称“开车的老王”，同时也能够解释为什么“开车的”不能指称“开车的技术”（因为“技术”不是“开”的价语）。

（2）“VP的”的歧义问题。

“VP的”能表示几个意义？由于“VP的”只能表示V的缺席价语，那么当一个价语缺席时，它能表示一个意义（那个价语）；当有两个价语缺席时，它就能表示两个意义；当没有价语缺席时，它能表示0个意义[②]。“我吃的”指受事，“吃鱼的”指施事。“吃的”可以指受事（已经三天没吃的了），也可以指施事（做的累得要死，吃的还不满意）。“我吃饭的”没有转指能力。朱先生给出了计算公式：用n代表动词的价数［朱德熙（1978）叫“向”，n的值分别为1，2，3］，用m代表在“VP的”中V出现的价语数，用p代表“VP的”可能有的语义解释的个数，则：

$$p=n-m$$

这就是著名的歧义指数公式。当$p=1$时，格式只能有一种解释；当$p=2$时，格式可以有两种可能的解释；当$p=3$时，格式有三种可能的解释。

这是配价语法在汉语语法学史上开出的第一朵花，它的惊艳绽放让学界领略了配价理论的魅力。朱德熙（1978）是汉语语法学史上一篇划时代的

① 这里的转指的意思是“VP的”指称V的一个价语。关于“转指”的详细内容参看朱德熙（1983）。

② 指0个转指意义，但它仍有自指意义。关于“自指”的详细内容参看朱德熙（1983）。

文献。

（3）有价名词的发现及其价值。

名词有价吗？袁毓林（1992）指出："有些名词在句中也有配价的要求，表现为支配性名词要求在语义上受其支配的从属名词与之共现。"比如"意见、感觉、信念、立场、感情、偏见、好感、态度、看法、印象、敬意、戒心、兴趣"等表示"观念/情感"的名词就要求两个名词性成分与之共现，是二价名词。比如"兴趣"，其意义为某人对某事的喜好的情绪，其语义表达式为：

喜好的情绪＜某人　对　某事＞

非常清楚，这里"某人、某事"都是"意见"内含的语义成分，句法层面上它们必须化身 NP 与"意见"共现（比如"孩子们对动画片发生了兴趣"）。"如果其中一个配项不出现，那么这种格式的语义就不完整。"比如，"孩子们发生了兴趣"就明显有问题。这就说明"有价名词要求其价语共现"确实是一条句法规则。

配价研究是从动词开始的，从动词配价想到其派生名词（deverbal nominalizations）的配价（比如从 argue 的配价联想到 argument 的配价）是一件挺自然的事，因为它们使用同一个题元栅（即使用同一套价语，比如 He objected to the proposal 与 his objection to the proposal），而"责任，兴趣，戒心"这类名词并非由谓词派生。观察到这类名词的配价要求除了要有配价语法的眼光还需要更为敏锐的洞察力。袁毓林（1992）是第一个将配价理论延伸到这类名词的成功尝试，具有开创性意义。接下来，袁毓林（1994）关于一价名词的研究又进一步为我们展示了配价语法理论的威力。

A	B
小王的爸爸→＊小王的	小王的书包→小王的
刘伟的妻子→＊刘伟的	刘伟的袜子→刘伟的
塑料的弹性→＊塑料的	塑料的拖鞋→塑料的
爷爷的脾气→＊爷爷的	爷爷的拐杖→爷爷的
老张的胳膊→＊老张的	老张的手表→老张的
兔子的尾巴→＊兔子的	兔子的窝儿→兔子的

A 组的"NP_1＋的＋NP_2"不能省略为"NP_1＋的"，而 B 组的"NP_1＋

的＋NP_2”可以，为什么呢？袁毓林（1994）指出，A组的NP_2“在表示某种事物的同时，还隐含了该事物跟另一事物之间的某种依存关系；并且这种名词一定要另一个名词同现才能有明确的所指。也就是说，这种名词是一价名词”。以一价名词“妻子”为例，它的语义是“一个人，她是某人的女性配偶”，即“妻子”必须是“某人”的，“某人”是“妻子”的配价成分，而要求配价的“妻子”是支配成分。作为支配成分的NP_2是整个“NP_1＋的＋NP_2”结构的支柱，当NP_2被撤掉时，整个结构就散掉了，这就是A组不能省略NP_2的原因。20多年过去了，这个解释至今无人质疑。

我们刚刚说过朱德熙（1978）的歧义指数公式：$p=n-m$。按照这个公式，当$p=0$时“VP的”没有转指能力；可是，袁毓林（1994）展示的语料说明朱先生的公式仍有改进的必要：

爱人在农村的（战士）　　抽屉坏了的（衣柜）

儿子上大学的（家长）　　脾气古怪的（孩子）

价格便宜的（毛料）　　妻子死了的（厂长）

“这些‘的’字结构动词价的数目和实现价的数目相等（$p=n-m=0$），但它们仍可以指代整个偏正词组。”对此，袁毓林（1994）给出了这样的解释：

> 这些“的”字结构中动词的配价要求虽然得到了满足，但其中的一价名词的配价没有得到满足。也就是说，这种“的”字结构中仍有空位。因而这种“的”字结构表示转指意义，可以指代整个偏正结构。……因此“的”字结构的歧义指数的计算办法要修改如下：一个“的”字结构中动词和有价名词如果有n个价没有实现，那么这个“的”字结构有n个解释（即歧义指数为n）；当一个“的”字结构中动词和有价名词的价全部实现了，那么这个“的”字结构不能指称事物，也不能指代“的”字结构所修饰的中心语（如“他爱人在农村教书的［时候］”）。

下面的两个句子都有歧义。

（1）刘芳看望被丈夫打伤的李红。

（2）小李父子来了。

为什么会有歧义？袁先生对（1）的解释大意是，“丈夫”是一价名词，而句中出现两个适合给它配价的名词（刘芳、李红），所以“丈夫”到底是谁的丈夫就有两种可能。对（2）的解释大意是，“父、子”是两个一价名词，而句中出现一个适合为他们配价的名词——小李，“小李”可以是“父”的配价成分（小李和他的父亲），也可以是“子”的配价成分（小李和他的儿子），故有歧义。没有配价理论作前提，难有这样的眼光，遑论作出这样的分析和概括。

（4）汉语形容词的配价。

形容词都是有配价要求的，形容词与其配价成分之间的语义关系是属性与属性拥有者的关系。较早关注汉语形容词配价问题的是刘丹青（1987），该文对二价形容词的讨论详细且有深度。作者讨论了一价形容词与其配价名词的句法配位规律之后指出：“此外，形容词中也有一些是描写关系的，如‘生疏、陌生、熟悉、满意、不满’等。它们要求跟分别代表关系两端的名词一起出现。……这样的形容词就是双向形容词。双向形容词如果只跟一个名词组合，句子就不能自足。”[①] 这个概括令人信服地解释了为什么（1）—（6）成立，而（7）（8）站不住：

（1）新秘书对文字工作很生疏

（2）对文字工作很生疏的新秘书

（3）新秘书文字工作很生疏

（4）文字工作很生疏的新秘书

（5）文字工作对新秘书来说很生疏

（6）对新秘书来说很生疏的文字工作

（7）*新秘书很生疏

（8）*文字工作很生疏

作者也讨论了省略价语的情况：

有些双向形容词，如“冷淡、冷漠、热心、热情、严厉、宽厚”，如果用来描写一个人的整体性格特征，在表层常只出现一个名词，如“这个人很冷漠”“张阿姨很热心”，但实际意义是“对一切

① Valency（价）是特思尼耶尔借自化学的术语，是化学价的意思，朱德熙（1978）引进这个概念时译作“向”，这里刘先生仍沿用朱德熙的叫法；后来都统一叫“价”，这就与 valency 的词源意义一致了。

人和事冷漠（热心）”，在深层结构中仍存在双向的另一端，只不过因泛指而省去。如果用来描写一个人某一方面的特征，那另一端必须出现，否则句义就不自足。如“我们发现他对荣誉有些冷淡”，“对荣誉”就不能省，因为他对工作可能是毫不冷淡。

值得称道的是，作者没有把“这个人很冷漠”“张阿姨很热心”处理为例外，而是给出了合情合理的解释，进而排除了“伪反例”，捍卫了自己的结论。

我们这里补充一种二价形容词省略一个价语的情况：

他是个很严厉的老师。

这个老师很严厉。

他是个很严厉的父亲。

他父亲很严厉。

他是个很宽容的老板。

这个老板很宽容。

“严厉、宽容”这类二价形容词表示“甲对乙”的态度，但当乙被甲蕴含时，乙可以不出现。比如“老师”的词义是“教学生知识的人”，“学生”是“老师”词义中本有之义。“学生”不出现，“他是个很严厉的老师”也表示“老师对他的学生严厉”，而不是对其他人严厉。

二价形容词有多少？分几类？张国宪（1995）说得更为详细。

配价理论在汉语语法研究中的收获可谓鲜花满山[①]，这里只展示了最早开放的几朵，目的是显示其魅力以引起对该理论的重视。

20 世纪 90 年代前后，配价理论研究范围从词类范畴延伸到短语（如“动结式”的配价研究）和句式（如“把”字句的配价问题）。“动结式”的配价研究曾是一个热点，郭锐（1995，2002）、王红旗（1995）、袁毓林（2001）施春宏（2003，2005，2006）等都有详细的讨论，斩获颇丰。

配价语法不仅是研究汉语语法的重要理论工具，而且是学习格语法、转换生成语法的必要准备，必须给予足够的重视。深入了解该理论可从沈阳、郑定欧（1995）和袁毓林、郭锐（1998）两本论文集入手。

① 截至 2017 年 5 月 13 日，国内语法研究论文使用、涉及配价理论的，据不完全统计有 2757 篇。

3.2 功能语法理论

从发生顺序上说，配价语法之后是生成语法而不是功能语法；但生成语法在我国的传播很不理想，使用的人不多。这一半是因为其天赋论、自足论语法观不是那么容易理解，一半是其技术手段不太好掌握；当然，它的系统变化太快或许也是原因之一。功能语法是在质疑、挑战、反对生成语法的过程中成长起来的一个语法学流派。比较起来，功能语法的语法观较容易理解，又没有那么复杂的技术手段，使用起来很方便，深得国内语法学界的青睐。所以，介绍功能语法在目前显得更为必要。

功能语法的核心思想：

> 语法是语言的功能塑造的，因而语法研究要围绕语言的功能进行。

我们先来看看功能派学者对这个理念的理解：

William J. Baker（1985）：

> 对语言产物的样品（收集到的一些话语）显然是能作出描写的，但是，这种描写并不能为这些语料提供解释，因为语料的存在理由只能从它们的使用目的中去寻找。……语言系统是工具，描述工具的最确切的方法是根据它们的用途以及使用的特点。

张伯江（2005）：

> 功能语法考虑的所有问题，可以用一句话概括，那就是“语法何以如此（how grammars come to be the way they are）”的问题。……功能派语法学者认为我们所能看到的那些组织形式，其实都是产生于语言的生态环境中。所谓语言的生态环境，指的就是语言的交际功能，服务于人们日常交际和互动的功能，以及它所负载的全部的认知属性、社会属性和生理属性。功能语法学者的工作就是在语言的这种生态环境中，试图讲清形式和功能之间的关系，揭

> 示出功能影响语法结构这一现象的本质……

方梅（2005）：

> 功能语法学家认为，语言表达形式的多样性源自交际中不同的功能需求，不同的需求之间的相互竞争塑造了语言的结构形式。

语言的功能包括思维工具和交际工具两部分；思维关乎认知，而交际必涉语境。语法既然是语言的功能塑造的，语法研究就应该从这两个角度入手去寻找形式与意义的对应规律。这是功能语法学者面对一切语法问题的总思路。比如：

（1）我家前边有条河，河的对面有座山，山上有个道观，道观里住着一个老道。

（2）＊我家前边有条河，一座山在河的对面，一个道观矗立在山上，一个老道住在道观里。

（1）（2）说的是同样的内容，为什么（1）行（2）不行？按照功能语法的理念就要这样解释：人的认知规律是从已知到未知（注意：一上手就是认知），这个认知规律直接派生出一个语言编码原则：旧信息—新信息。旧信息就是已知信息，上文出现过的词语携带的都是旧信息，新出现的词语携带的是新信息。（1）（2）的首句相同，差异是从第二小句开始出现的。（1）的第二小句“河”居首“山”在尾；“河”是上文提到过的“河”，属于旧信息，“山”在上一句没出现，属于新信息。这个小句的信息结构符合“旧信息—新信息”的编码原则，其余各小句亦复如此，所以（1）没问题。（2）从第二个小句起，信息结构都是“新信息—旧信息”，话都是倒着说的，直接违背基于认知的编码规律，所以不被接受。

接下来自然会想到这样一个问题：既然信息的新旧（指称成分的认知状态）制约着语言的编码，那么用来表现这两种信息的语言形式有无差异呢？就是说，哪些形式适合表达旧信息，哪些适合表达新信息呢？能不能分类呢？这种思考导致对指称形式（NP）的细致观察。很快，单指、通指、有指、无指、实指、虚指、定指、不定指这些范畴就建立起来了[①]，为人们说明语句乃至篇章的构建机制增添了新的工具。成果证实了路线的正确性，也给了功能

---

① 参见陈平（1987）.

学者从未有过的底气，势头越发强劲。他们满怀信心地继续开疆拓土，可及性理论，原型理论，象似性理论，转喻、隐喻理论，概念合成理论，背景—前景理论，构式理论……一时百花竞放，令人目不暇接。就这样，选择认知路线的这一路功能学者为功能学派打下了大半个天下。

功能派的另一路侧重语言的交际功能，侧重交际现场、交际过程诸要素对语法的塑造，特别是不同文体对语法的制约。这一路在语法化、语体研究、主观性与主观化等方面有很多建树。

其实，交际功能与认知功能难以分开。从交际功能入手得到的某些观察结果，最后也还要从认知上给予解释。比如 Haiman（1985/2009：4—5）引述的 Benveniste（1946）的观察：在许许多多语言中，代词标记存在着一种不对称，第一、二人称单数代词、动词都有标记，而第三人称代词、动词均无标记（英语明显是个例外）。对此，Benveniste 的解释是：参与交际的是第一和第二人称，所以它们的相应代词都有词尾，第三人称不参与交际，所以没有词尾（注意：这是通过交际场景分析得出的结论）。由于第三人称缺席交际，相应代词的词尾也缺位，这是语言对观念的模仿，是象似动因导致的（注意：这最后的解释是认知的）。

下面介绍几个可以独立使用的功能语言学理论，仍是举例性质的。

3.2.1 象似性原则（Iconicity Principles）

核心思想：语言编码模仿概念结构。

解析：客观世界反映到人的头脑里形成概念结构，语言编码基于这个概念结构。注意：这里有三样东西，客观世界、概念结构（或称观念）和语言。从发生的角度说，客观世界是根，概念结构（观念）是中间阶段，语言表达形式是产物。客观世界极其复杂，它在人们头脑中被简化、归类、抽象，形成概念结构（观念），当概念结构被语言形式表达时，它就成了语言形式表达的意义。“语言编码模仿概念结构”的意思就是语言形式模仿概念结构，或简言之：形式模仿意义。这里默认人类反映世界的方式是相同的，因而概念结构也是相同的。如果哪种语言在编码中与概念结构一致或相近，就说这种语言具有较强的象似性。

观察下面的句子：

从北京飞往上海。

从宿舍去教室。

从城里回到未庄。

……

这组句子是汉语对这样的概念结构的编码："出发地—目的地"。概念结构里是出发地在前、目的地在后，而句子的编码也采取了这样的顺序，这种一致性就叫象似，学界公认汉语是象似性极高的语言。同样的位移句英语是倒过来说：go to Shanghai from Beijing（与概念结构不一致）。这不意味着以英语为母语的民族与汉民族的概念结构不同，概念结构都是相同的，只是语言编码方式不同，因而才有了不同的语法。很多语言的可数名词有单复数的区分，名词的复数形式总是大于对应的单数形式（例如 books 形式上大于 book），较大的形式表示观念里较大的量，较小的形式表示较小的量，这也是象似性的一种常见表现——量的象似性（Haiman，1985/2009：5）。举个时间象似性的例子（陆丙甫、刘小川，2015）：

a. 希望什么

b. 对什么失望

"希望"跟"失望"的对象分别在动词的后面和前面，完全相反。不过，考虑到"希望"的事情都是"希望"时尚未发生的，而"失望"的事情都发生于"失望"之前，那么，两种格式中的动词与其对象之间的顺序，跟各自表达的事件之间的时间顺序是一致的。

象似性表现在不同维度上，下面介绍几种常见的。

1. 时间顺序原则。

核心思想：两个句法单位的相对次序决定于它们所表示的概念领域里的状态的时间顺序。（戴浩一，1985）

戴浩一（1985）观察到汉语时间象似性的下列表现：

a. 表现在小句之间——先发生的先说，后发生的后说。

我吃过饭，你再打电话给我。

我们工作一结束，他就来了。

你给他钱，他才给你书。

b. 表现在两个谓语之间。

我吃过饭再打电话给你。

李小姐吃了半碗饭就饱了。

你给了我钱才能走。

c. 表现在连动结构的成分之间。

张三上楼睡觉。

我们开会解决问题。

张三骑脚踏车走了。

d. 表现在动结式的述语与补语之间。

盖—好，找—到，打—破，打—死，看—懂

他跑累了。

他累得不能说话了。

e. 表现在“述＋补＋了”结构中。

他念完了这本书。

他做成了这件工作。

f. 表现在状语与动词之间。

他从中国来。

他到这儿坐公共汽车。

小猴子在马背上跳。

他往南看。

他对着我笑。

他用筷子吃饭。

他从旧金山坐长途公共汽车经过芝加哥到纽约。

g. 表现在比较结构中。

他比我高。

（比较在前，结果在后）

h. 表现在“动作＋持续时间/频次”结构中。

他病了三天了。

（“病”发生在满“三天”之前）

他来了三次。

（“来”发生在“三次”这个计算结果之前）

时间顺序原则“概括了至今被认为互不相干的大量的语序规则”（戴浩一，1985），它不仅能够解释上举诸例的语序为什么是那样的，还能解释“小猴子在马背上跳”和“小猴子跳在马背上”的意义为什么不同，以及“张三天天会客写信”与“张三天天写信会客”为什么语义相同（因为“写信”“会客”本就没有先后关系，故不受时间顺序原则制约），解释力非常强。时间顺序原则在汉语中经得起检验，被学界广泛接受。①

汉语较严格地遵守时间顺序原则，这是优点还是缺点？是优点。

Slobin（1966）曾经提出，当表层结构的成分次序偏离概念的次序时，句子的理解就会变得比较复杂。在这种意义上，时间顺序原则是自然的，它在语言加工中所需的心理复杂性最小。（戴浩一，1985）

根据 Zwaan（1999）的研究，理解（1）这种与自然时序相反的编码要比理解（2）这种与自然时序相同的编码多花费 300 毫秒。

（1）Before the psychologist submitted the manuscript, the journal changed its policy.

（2）After the journal changed its policy, the psychologist submitted the manuscript.

汉语没有繁复的形态，语法主要在语序上，而语序又遵循与认知顺序一致的最自然的规则。因此，从二语习得的角度讲，汉语应该是最好学的语言，只是汉语的书写工具——汉字，这只大老虎拦在那里，反倒让人觉得汉语比英语更难学。

2. 时间范围原则。

核心思想：如果句法单位 X 表示的概念状态在句法单位 Y 表示的概念状态的时间范围之中，那么语序是 Y X。（戴浩一，1985）

戴浩一（1985）：“这在汉语中是一条更加普遍的原则，即不论在时间上还是空间上，大范围成分总是先于小范围成分。”

美国，伊利诺伊州，卡本代尔市，大学路，800 号

他昨天走了。（“走”发生在“昨天”里）

---

① 提出疑问的学者通常使用这样的数据——“他死在厨房里”“糖化在水里了”，这种现象该如何解释，值得研究。

昨天他走了。

你不在的时候，他走了。

3. 距离象似性。

核心思想：语言成分之间的距离反映了所表达的概念的成分之间的距离。[①]（Haiman，1983）

解析：Haiman（1983）说可以简单地把“语言成分之间的距离”界定为两个语言成分之间的音节数量。但考虑到组合的层次性，作者给出了下列判断标准：

a. X # A # Y（# 代表词与词之间的界限）

b. X # Y

c. X+Y（+代表语素之间的界限）

d. Z

以 X 和 Y 为观察对象，它们分别是两个概念的语言表达式。在 a 这种编码里，X 和 Y 的语言距离比在 b 里远，在 c 里 X 和 Y 组成一个复合词，距离比在 b 里近，在 d 里 X 和 Y 融合为一个语素 Z，距离最近。

Haiman（1983/1985）认为概念距离直观而明显，没有给出衡量“概念的成分之间的距离”的正式标准，同时认为下列情况应看作概念距离近：

a. 拥有共同语义属性的两个概念关系近，比如共享时、语气、主语、宾语、话题的两个动词概念距离近；

b. 如果一个对另一个造成影响，这两个概念距离近，比如动词与其宾语；

c. 感觉上不可分离的两个概念距离近。

d. 感觉上是一个整体。[②]

距离象似性的语法表现：

距离可以是物理距离。如果同一根条带上既有红色又有白色，汉语说“红白相间的条带” （英语说“red and white ribbons”。见：Haiman，

---

① Haiman（1983）原文说了三条：a. The linguistic distance between expressions corresponds to conceptual distance between them；b. The linguistic separateness of an expression corresponds to the conceptual independence of the object or event which it represents；c. The social distance between interlocutors corresponds to the length of the message，referential content being equal.

② d 项是 Haiman（1985）新增的，见 Haiman，J.（1985/2009：107）。

1983）——“红”“白”在同一个条带上，物理距离近，代表这两个概念的词也挨得近。如果有两种条带，一种是红色的，一种是白色的，我们说“红条带和白条带”（英语说“red ribbons and white ribbons”。见：Haiman，1983）。“红”“白”在不同条带上，物理距离远，代表这两个概念的词也离得远。汉、英语中都体现了距离象似性，这种距离是物理的。请观察下面两个句子：

a. We can do it quickly and we can do it well.

b. We can do it quickly and well.

（Haiman，1983）

a句通常理解为在某种条件下可以做得好，在另外某种条件下可以做得快。quickly 和 well 的非同时性表明二者物理距离远，quickly 和 well 的距离也远。b句要理解为在同一次行为中可以做得既 quickly 又 well，同时性表明两个概念物理距离近，两个词离得也近。

更多的时候，距离是关系距离。观察下面两个句子：

a. John Smith and Mary Smith are employees of this company.

b. John and Mary Smith are employees of this company

（Haiman，1983）

b句要理解为 John 和 Mary 属于同一家族，关系近，对应的语码也离得近；a句里 John 和 Mary 没有亲戚关系，关系远，对应的语码也离得远。

最有意思的也许是澳大利亚的 Diyari 语，如果用表人的 NP_1 和 NP_2 做成一个联合短语（比如“老师和学生”），它们有两种格式：

（1）NP_1＋连词＋NP_2

（2）NP_1 NP_2

当 NP_1 与 NP_2 性别相同时，倾向于使用（1），当 NP_1 与 NP_2 性别不同时倾向于使用（2）。而当 NP_1 与 NP_2 是夫妻关系时，必须使用（2）。（参见：Haiman，1985/2009：117）

关系距离象似性更突出的表现是在领属性偏正短语中。在下边这个序列中，越靠左端，被领有者越不可让渡（inalienable）——领有者与被领有者关系越近；越靠右端，被领有者越可让渡（alienable）——领有者与被领有者关系越远。

我的胳膊—我（的）爸爸—我（的）同学—我的书

这种关系远近的差异在语言编码上也会得到直观的反映——越不可让渡的相应语码的距离越近。据 Haiman（1983），在南岛语系很多语言里，如果被领有者是可让渡的，领有者用一个独立的单词表示；如果是不可让渡的（比方肢体、亲人），领有者以词缀的形式黏附在被领有者上——领有者与被领有者居于一个词内。比如在 Nakanai 语里：

luma taku

（house my）

lima-gu

（hand-my）

在 Hua 语中身体的部分，亲戚，准亲戚，甚至名字，都属于不可让渡的，在所有物上加一个代词性前缀表示所有者。而在可让渡的情况下，则用一个可以独立的（free-standing）代词或名词所有格表示领有者。在南岛诸语中此种情况非常普遍。巴布亚新几内亚的 Mekeo 语，不可让渡的在所有物上后加一个代词性词缀表示：

aki-u（我弟弟）

aki-mu（你弟弟）

aki-ʔa（我们的弟弟）

而可让渡的用一个独立的代词前置于被拥有的名词来表示所有关系：

eʔu ngaanga（我的独木舟）

emu ngaanga（你的独木舟）

aʔa ngaanga（我们的独木舟）

许多澳大利亚语言里也是这样。在这些语言中，可让渡与不可让渡已经语法化了。（参见：Haiman，1985/2009：130—131）

Haiman 说，最让人闹心的是汉语普通话（more upsetting is the pattern manifested by Mandarin Chinese），只有亲属领有不加“的”，别的都加——居然 treat kin as “less alienable” than arms，legs，or hearts（在他们看来，亲属居然是比自己的胳膊、腿、心脏更不可让渡的。（参见：Haiman，1985/2009：134）

距离象似性在汉语领有结构中有无表现，王姝（2012）曾在 ccl 语料库中作过考察。其数据显示，在下边序列中，越靠左端越倾向于选用“N_1N_2”

（我哥），越靠右端越倾向于选用“N_1 的 N_2”（我的邻居）：

血亲＞姻亲＞干亲＞恋人＞熟人

结论是：汉语领属构造编码有粘合式和组合式两种，不可让渡的倾向于使用粘合式，可让渡的倾向于使用组合式，这是汉语领有构造编码的一个指导性原则。但这条原则很脆弱，在与其他原则的竞争中经常妥协。

距离象似性还是解释多项定语语序的利器。下面是一个含多项定语的偏正结构：

那几本刘二买来的张三翻译的李四写的关于赵五的小说

来看陆丙甫（2006/2010：401）对这个多层定中结构的分析：

……小说的作者，比起小说的译者，当然同小说的内容关系要紧密、稳定得多，因此也应该将作者置于较内层。而“关于赵五的”则直接反映了内容，所以就在最内层；买书者同书的内容关系最少，所以在最外层。……小说当然是撰写在前，翻译在后，但在定语中的顺序却是翻译在前，撰写反在后边。但从相关度来看，凡是小说总有一个撰写者，但并非所有小说都会被翻译，所以撰写者同小说有内在的必然联系，而同翻译者就没有这种必然联系。

距离象似性也可以解释多项状语的语序，比如“快往南跑”里有两个状语，而方向对于“跑”来说，显然更是不可缺少的条件，因而“往南”与“跑”在概念上更为密切，形式上也更靠近动词。再如“现在用右眼往前看”里有三个状语，次序不可更改，正是距离原则控制的：“看”必有方向，而“用右眼”则比较偶然，一切动作必发生在时间里，带有时间性是一切动作的共有特征，共有特征不是本质特征。所以，时间词“现在”与“看”的联系是非本质的，二者关系松散，所以离得也最远。

象似性还有其他维度，比如量的象似性、复杂度象似性等，这里不作介绍。

语言里充满象似性不是今天才发现的，只是在今天才得到重视。以前为什么没重视，乔姆斯基（1965：5）是这样解释的：

广泛持有的一种认识，即认为存在着一种“思想的自然次序”，词序反映着这种次序。因此，形成句子的规则实际上并不属于语法，而是属于研究“思想的次序”的某种别的科目。这样，《普遍与唯理语法》宣称：除了比喻语外，词的次序遵循着同“我们思想的自然表达”相一致的“自然次序”。结果，除了省略、倒装等等决定语言的比喻用法的规则以外，需要制定的语法规则就几乎没有了。

这个解释是令人信服的。看了这个解释，传统语法为什么重词法而轻句法也就有了答案。

3.2.2 图形—背景理论

想象这样一幅画面：草地上一匹马在吃草。那匹马就是图形，草地就是背景。人们在观察事物时，总会将被注意的东西凸显为图形，而将其周围环境当作这个图形的背景。客观世界自身并没有“图形—背景”的区分，是我们的认识将它们作了这样的区分。这是 20 世纪 20 年代完形心理学家鲁宾（Rubin）的一个伟大发现。下面这个“面孔/花瓶幻觉”图当年立过大功，它能证明“图形—背景”的区分确实是我们的认知习惯。

在这个图形中，你一会儿看到花瓶，一会儿看到两张脸，但不会同时看到花瓶和人脸。当你看到花瓶时，人脸是背景；当你看到人脸时，花瓶是背景，而你不能同时看到它们。这个事实的重大意义之一是：人在知觉事物时图形和背景确实是分离的。

背景的特征：（1）较大；（2）边界不清；（3）静止的；（4）比较模糊。

图形的特征：（1）较小；（2）边界清楚；（3）静止或非静止的；（4）清晰。

这些特征很重要，后面要用它们解决一些问题。

语言学家把图形—背景理论引入语言研究，他们关心的是图形、背景如何语言化——语言如何编码图形、如何编码背景？图形—背景作为认知规律如何影响语言编码？

核心思想：

(1) 图形、背景可以作为概念结构语言化；

(2) 语言有编码图形和背景的符号和规则；

(3) 越大越适合编码为背景，越小越适合编码为图形；编码为背景的对象不能明显小于图形。

“天上飘着几朵白云”里“天上”是对背景的编码，“几朵白云”是对图形的编码。

汉语中“（在）＋L”[①] 是用来编码背景的格式，汉语存现句是对“背景—图形”这个概念结构的语言编码。

图形—背景理论能解释下列问题：

a. 桌子上有一支笔。

b. ＊笔下边有一张桌子。

逻辑上说，笔在桌子上也就是桌子在笔下，可是 a 能说 b 不能说，为什么？编码规则是背景不能小于图形。“（在）……上”是编码背景的格式，“桌子”大“笔”小，a 将它们分别编码为背景和图形符合编码要求，而 b 则相反：将小的编码为背景，将大的编码为图形，违背编码规则。“湖中有一个亭子”能说而“亭子周围有湖”不能说也是这个道理。此理论也能解释为什么“《文学概论》下边有一本《现代汉语》”和“《现代汉语》上边有一本《文学概论》”都能说，因为二者在大小、边界清晰与否等特征上接近，所以可以互为背景，但二者意义是有差异的。

后来在 Langacker 的认知理论中用“射体（trajector）”和“界标（landmark）”取代了来自心理学的“图形”和“背景”，目前很多学者都接受了“射体”和“界标”这两个术语。可以把“射体”“界标”看作是更广泛运用“图形”和“背景”概念的特殊表现[②]。特别是用界标取代背景，凸显了背景中有意义的部分。比如把 The balloon is flying over the house 想象为一个动态画面，画面背景中只有 the house 标记 balloon 的飞行进程，该进程与背景中的其他东西完全无关。

在句子中，射体与界标的关系通常由介词表达，或者反过来看，介词，

① L 代表处所名词，“旁边、附近”类一价名词以及“N＋方位词”结构。

② 温格瑞尔、施密特（2006/2008：189）。

特别是方位介词（如 in、on、over 等）的意义是表达射体与界标的关系的。这一思想在英语介词研究领域产生了巨大成果。比如，Brugman 和 Lakoff 对 over 的研究把原来认为不相干的用法用射体、界标、路径（path）三个要素作出了统一解释，呈现了 over 的一个缜密的语义系统。请观察下面的句子：

a. The plane is flying over the hill.

（飞机正从山的上方飞过）

b. Sam drove over the bridge.

（Sam 开车过了桥）

c. The painting is over the mantel.

（画在壁炉架的上方）

d. The plane flew over.

（飞机飞过去了）

e. There was a veil over her face.

（她的脸上罩之面纱）

……

回想一下数学里的函数表达式，比方：

$$f(x)=2x+7$$

x 是变项，给 x 赋不同的值，$f(x)$ 就对应不同的结果。现在仿照数学函数来表达 over 的语义[①]：

（1）f（over）＝界标＋路径＋射体＋界标射体距离[②]

统一描写需要一个起点、一个可被认为是中心的表达式。（1）就是 over 的中心表达式，它由 4 个参项来描写（相当于一个四元一次函数），参项可以取各种值，包括 0。

（1）表示的意义是：一个射体（以不接触的方式）从一个界标上方越过（上举例句中 a 是它的实例），其他意义都是参项微调的结果。比如当“界标射体距离为 0”时，射体与界标有接触，表达式变为：

---

① Brugman and Lakoff 用拓扑图式表示参数关系，我们这里改为函数式。

② 射体与界标之间有时候不接触，就是有一个距离，比如“the plane is flying over the hill.”有的时候二者有接触，这时距离为零，比如“He walked over the hill”，“射体界标距离”就是表示这个参项变化的。

（2）f（over）＝界标＋路径＋射体＋0

上举例句中 b 是它的实例。

当“路径＝0”时，意味着不移动，表达式变为：

（3）f（over）＝界标＋0＋射体＋界标射体距离

c 是它的实例。

当“界标＝0”时，意味着它没有明显的表象，只是一个位置，所以句子中得不到表达，表达式变为：

（4）f（over）＝0＋路径＋射体＋界标射体距离

d 是这种情况的一个实例。

如果界标旋转一下，并且“路径＝0”，射体就静止在界标的侧面，表达式变为：

（5）f（over）＝界标＋0＋射体＋界标射体距离

e 是这种情况的一个实例①。

……

可以看出，over 的原来被认为不相干的意义都可以纳入同一个认知框架来统一描写。这项研究成果曾轰动一时，现在还是虚词研究的标准范例，它使人们看到了图形—背景理论的强大解释力，它使人们相信，一个词的多个义项或用法，一定是成系统的，并且这一点是无可争议的。

3.2.3　构式语法

就研究对象而言，构式语法分两支：以习语构式（比如 let alone）为研究对象的和以论元结构为研究对象的。我们只研究后者，主要是以 Goldberg 为代表的论元结构构式理论的核心观点和研究方法。

理论无非是一个概念系统，了解一个理论要从它的基本概念开始。

（1）什么叫构式？

Goldberg（1995/2007：4）有如下定义：

> C 是一个构式当且仅当 C 是一个形式——意义的配对（Fi，Si），且 C 的形式（Fi）或意义（Si）的某些方面不能从 C 的构式成分或

---

① 内容远不止这些，对 over 语义系统的完整描写请看 Brugman and Lakoff 的《辐射式网络》，载 Geeraerts，Dirk（2006/2012：121—153）。

其他先前已有的构式中得到严格预测①。

这个定义要在构式语法的大背景下来理解。论元结构构式理论的主张者Goldberg认为语言里语句是无限的（开放的），但我们要表达的事件类型是有限的（封闭的），“例如某人引起某事、某人经历某事、某物移动、某物处于某种状态中、某人领有某物、某物引起状态或处所变化、某物经历状态或处所变化、某物对某人有某种影响”。② 与这些事件类型相对应，语言有一套约定俗成的句式（Goldberg叫construction，译为“构式”，我们暂时把她的论元结构构式理解为简单句句式或句型）与这些事件类型相对应。有N类事件要说，语言中恰好有N个构式与之对应，人们要说到哪种类型的事件时，就激活大脑中储存的相应构式，把与事件具体场景有关的词语插入构式，句子就生成了。这样，语法研究的任务就是探索并最后给出构式清单。构式有下列性质：

a. 构式是理论实体③。理论实体区别于经验实体，后者是在经验中实实在在的实体，比如“桌子、马”，前者在经验中并不存在，但在理论建构中需要它，所以必须假设它存在——在特定的理论中存在。比如几何学中的“点”是只有位置没有大小的几何元素，“线”是只有长度没有宽窄的几何元素。没有大小即面积为零，没有宽窄即宽度为零，这样的东西谁能看得见？谁能经验过？但理论上必须假设它们存在，否则几何学便无从谈起。数字也是理论实体，没有这种实体数学就不可能。“适龄产妇平均每人生1.75个孩儿”，经验中肯定没有1.75个孩儿这种实体，也属于理论实体。

b. 构式是语言的基本单位④。语言单位比方词、语素，我们都见过，很熟悉，构式也是语言单位，怎么不觉得在哪见过？人家说了，构式是理论实体不是经验实体，你怎么能见过！语言的单位都是大脑中储存的现成的东西（比如词、习语），强调构式是基本单位，意在强调它是学得的，同时对于一个已经习得母语的个体来说它是头脑中现成的，不是在线生成的。（但你可以

---

① Goldberg虽然表示过从概念上说，从语素、词、短语到小句的各级单位都是构式，但除了简单句句式以外的单位论元结构构式语法并没有进行研究，所以我们理解这个定义的时候暂时将构式锁定在简单句句型、句式这个层级上。

② Goldberg（1995/2007：38）。

③ Goldberg（1995/2007：2）。

④ Goldberg（1995/2007：4）。

讨论“基本”这个提法，“基本”通常意味着不能再分，构式难道不可再分？这个暂时存疑）

c. 构式本身具有意义，该意义独立于句子中的词语而存在①。这个好理解，构式的意义就是我们通常理解的句式的语法意义，比如“把”字句表“处置”、存现句表“存在、出现或消失”等等。但传统的语法意义只相当于矿藏，语法学家相当于勘探队员，找到它就完事了。在构式语法里构式意义被找到并被开发利用，语法学家要干勘探队和矿工两种职业。构式语法能红起来，就因为它开发、利用了构式意义。后面我们还会说到这一点（构式压制部分）。

d. 构式是封闭类成分②。Goldberg（1995/2007：38）：“构式的作用是把世界划分为各不相同的并被系统分类的事件类型。”事件类型是封闭的，与之对应的构式当然是封闭的。

基于以上铺垫，我们对 Goldberg（1995）给出的构式定义作个详细的讨论。

一个构式是一个“形式—意义”的配对③，就是说一个构式有形式和意义，问题是：一个构式有几个形式、几个意义？从构式语法学者的一贯主张来看，一个构式只有一个形式，比如 Goldberg（2003）给出的双宾语构式④的形式是：Subj［V Obj_1 Obj_2］，且这个形式是不变的：它既非由别的形式转换而来，也不会转换为别的形式。所以，“She gave him a book”与“She gave a book to him”是两个不同构式的实例，二者虽在语义上有密切联系，但没有形式上的转换关系（这一点与乔姆斯基倡导的生成语法形成鲜明的对比）。Goldberg 把 Bolinger（1968：127）提出的“句法形式的不同总是意味着意义的不同”奉为自己的工作假设，并重新表述为“语法形式无同义原则”⑤。对定义中的“形式”应作如上理解。

定义中的“意义”是几个意义？传统的句式研究是一个句式一个语法意

---

① Goldberg（1995/2007：1）。

② Goldberg（1995/2007：28）。

③ Goldberg（2003）及其以后的著作改为“形式—功能”配对（意在将话语功能考虑进去），但学界流行的仍是“形式—意义”配对的说法。

④ Goldberg 坚持叫 ditransitive construction，即双及物构式，我们下文也采用这种叫法。

⑤ Goldberg（1995/2007：3）。

义，Goldberg 把它叫抽象主义[①]，并给予猛烈批判；她本人则采用原型理论视角，认为“构式并非只有一个固定不变的、抽象的意义，而是通常包括许多密切联系的意义，这些意义共同构成一个家族”。[②] 就是说，一个构式的意义是一束意义。Goldberg 还强调这一束意义内部有丰富的结构，其中一个意义是中心意义，其他意义是这个意义的扩展[③]。比如双及物构式的中心意义是“施事主语成功地致使一个客体转移给接受者”[④]，但如“Bill promised his son a car”只表示“转移”有可能发生，这是离中心意义较近的变体，至于“His mother denied Billy a birthday cake”就否认了“转移”的可能性，但你又不能不把它看作双及物构式的实例，只能把它看作更边缘的实例。Goldberg 还强调中心意义不是统计意义上的，而是发生学意义上的。“形式—意义”配对中的“意义”应这样理解。

“C 的形式（Fi）或意义（Si）的某些方面不能从 C 的构式成分或其他先前已有的构式中得到完全预测”，这里说的是两个内容：（1）意义不能完全预测，即不能依据某种规则从成分意义经过运算得到整个结构的意义——整个结构的意义不等于成分意义之和。（2）形式不能完全预测，这是指从已确认的构式中预测，即当下的考察对象不能归入任何另一个已经确认的构式，C 才是一个独立的构式。这一规定是要避免把一个构式的扩展实例抽象为另一个构式，作者在第 140 页给出了这样一些句子实例：

(12)[⑤] a. The medicine brought him relief.

（这种药带给他慰藉）

b. The rain brought us some time.

（这场雨带给我们一些时间）

c. She got me a ticket bydistracting me while I was driving.

（她让我得了一张罚单，因为在我开车时，她分散了我的注意力）

d. She gave me the flu.

（他给我流感）

---

① Goldberg（1995/2007：33）。

② Goldberg（1995/2007：31）。

③ Goldberg（1995/2007：64）。

④ Goldberg（1995/2007：32）。

⑤ （12）是 Goldberg 原文的序号。

e. The music lent the party a festive air.

（音乐带给派对一种节日的气氛）

f. The missed ball handed him the victory on a silver platter.

（这一球没有投中，因此使他赢得了奖杯）

这些用例并不表示有什么实际东西被“转移”，它们属于双及物构式的实例吗？为它们单独建立一个构式更好吧？可是作者说：

> 这些例句构成一个可以界定的表达式类型，因为它们都是一个特定的、常规的、系统的隐喻，即“作为转移的因果事件”的实例。该隐喻含有把在一个实体内造成某种影响理解为将该影响转移给这个实体。……这一类型可以看作是双及物构式的一个扩展。……认识到这一隐喻使我们可以摒弃通常所持的一个错误观点，即类似例（12）的构式是独特的。（141—142 页）

这就阐述了（12）没有资格作为一个构式存在的理由：这一类型可以从已经认识的双及物构式获得解释，即通过隐喻推导出来，因而是完全可预测的。

“能不能完全预测”考核的是构式资格，这个标准用来建立构式，更重要的是用来排除伪构式。Goldberg 要建立构式清单，清单上的构式不能有交叉，数量必须有限，要尽量抽象，这就要严格地执行形式标准；否则不仅交叉不可避免，构式泛滥也在预料之中。这就是 Goldberg 设定形式上不能完全预测这个标准的真实用心。

以上讨论的是 Goldberg（1995）的定义，到了 Goldberg（2003：2）定义修改为：

> 构式是大脑中储存的形式和功能的配对，包括语素、词……任何构式，只要其形式或功能的某一方面不能通过其构成成分或其他已确认存在的构式严格预知，就被确认为一个构式。

陈满华（2009）：

> Goldberg（2003/2006）的构式定义里使用了“形式—功能配对”的字眼，她是以此代替了原来（1995）的“形式—意义配对”，这一新的表述引起了广泛的注意和争论，主要原因是其中的“功能”容易被误解。

Goldberg（2003/2006）为什么要修改定义（把 1995 的 form-meaning pairing 换成 form-function pairing）？其真正原因在于作者对“形式”的纠结。由于一直奉行“what you see is what you get（所见即所得）”的立场，不承认有“underlying levels of syntax（底层结构）”这样的理论实体，Goldberg 一直坚守构式语法是单层次的语法的立场，不承认句法层面存在转换操作，这样就不能将意义密切而形式略有不同的表达式归为同一个构式的变形。对于“She gave him a book”和“She gave a book to him”这种情况，Goldberg（1995）努力论证它们意义的不同，以便把它们看作不同构式的实例，这还勉强可接受。但是对于“She is a teacher.”和“Is she a teacher?”算同一个构式的两个实例还是两个不同构式的实例，同样的情况还有主动、被动（He caught a thief. A thief was caught by him）算一个还是算两个？Goldberg（1995）一直小心翼翼地躲着这类问题，但终归要面对。她必须在以下两个选项之间作出抉择：（1）承认有转换，代价是放弃单层次；（2）坚持不承认转换，从而将陈述与疑问、主动与被动看作不同构式。Goldberg 选择了后者。为了加强这种观点的可信性，就要最大化地挖掘它们的差异性。陈述、疑问具有不同的话语功能，主动、被动适应不同语境，这些差异就被作者抓到了。讲“形式—功能”配对，就有理由把陈述、疑问看作不同构式了，陈述的形式总不能对应疑问的功能吧？这不是猜测。

证据 1：Goldberg 没有直接解释功能（function）的内涵，但她经常用话语功能（discourse function）代替功能。

> All levels of description are understood to involve pairings of form with semantic or discourse function, including morphemes or words, idioms, partially lexically filled and fully abstract phrasal patterns.（2003：2）
>
> More common patterns such as passive, topicalization and relative clauses are understood to be learned pairings of form and（semantic or discourse）function—constructions, as well. Each pairs certain formal properties with a certain communicative function.（2003：3）
>
> Different surface forms are typically associated with slightly different semantic or discourse functions.（2003：4）

话语功能通常被理解为陈述、疑问、否定、感叹、话题化、主动、被动等，新版定义中的功能指的就是这类内容。

证据 2：Goldberg（2003：2）给出了一个 Box1（表 1），我们复制如下。

Constructions are stored pairings of form and function，including morphemes，words，idioms，partially lexically filled and fully general linguistic patterns. Examples are given in Box 1.

Morpheme	e. g.，*anti-*，*pre-*，*-ing*	
Word	e. g.，*Avocado*，*anaconda*，*and*	
Complex word	e. g.，*Daredevil*，*shoo-in*	
Idiom（filled）	e. g.，*Going great guns*	
Idiom（partially filled）	e. g.，*Jog* <someone's> *memory*	
Covariational Conditional construction	Form：The Xer the Yer（e. g.，the more you think about it，the less you understand）	Meaning：linkedindependent and dependent variables.
Ditransitive（double object）construction	Form：Subj［V Obj1 Obj2］（e. g.，He gave her a Coke；He baked her a muffin.）	Meaning：transfer（intended or actual）
Passive	Form：Subj auxVPpp（PPby）（e. g.，*The armadillo was hit by a car*）	Discourse function：to make undergoer topical and/or actor non-topical

观察这个表：这个表举例说明了构式有哪些层次的单位，前五项分别是语素、词、复合词、实体习语、图式习语。这五项的说明部分只有实例，没有其他解释。第 6、7 两项是共变构式和双及物构式的主动态、陈述形式，说明部分包括两项：形式和意义。Goldberg（1995）一直以主动态、陈述形式为对象，那时她不提功能，只讲意义；现在面对主动态、陈述形式时也只提意义，不谈功能。但第 8 项是被动态，她在说明部分谈的是形式和话语功能。可以看出，她不是用功能取代意义，她经常用“meaning or discourse function”这种表述形式，在某些情况下（疑问、被动、话题化等）她用功能，其他情况下她一如既往，用意义。就是说，她没有抛弃意义。

证据 3：Goldberg（2003：5）

> 为了把握不同表层形式之间意义与话语性质方面的差异，构式理论不像主流生成语法理论那样，认为一个构式由另一个构式派生而来，而是主张一个实际表达式由几个构式组合而成。像“What did Liza buy the child?”这个句子就由下列构式组合而成：
>
> a. *Liza*，*buy*，*the*，*child*，*what*，*did* constructions（i. e. words）
>
> b. Ditransitive construction（instantiated by the combination of *what* and *Liza buy the child*）
>
> c. Question construction（formed by combining initial *wh-word* with the Subject-Auxiliary construction and clause with a “missing” argument）
>
> d. Subject-Auxiliary inversion construction（instantiated by*did Liza*）
>
> e. VP construction（instantiated by［*buy the child*］）
>
> f. NP construction（instantiated by *What*，*Liza*，and *the child*）

请特别注意 c、d 两项，分别是疑问构式和“主语—助动词”倒装构式，Goldberg 终于开始面对疑问句的生成问题了。有趣的是她接下来的解释：

> 请注意：表层形式无须指定一种特定的词序，甚至无须指定特定的语法范畴。例如上边讨论过的“What did Liza buy the child?”，其表层论元顺序由动词短语构式与疑问构式的组合决定，而后者允许客体论元（theme）出现在句首。

通过设定一个疑问构式来解决疑问句的生成问题，这样就避开了由陈述句到疑问句的转换，目的还是维持单层次性——不过代价也够大的。

既然不是转换生成，就有理由把“He is reading a book.”“Is he reading a book?”看作不同构式的实例了。派生这两个实例的构式哪里不同？话语功能（discourse function）不同：一个是陈述，一个是疑问。

以上就是 Goldberg（2003）在定义中引入“功能”的原因。

（2）构式语法的构式核心观。

从传统语法到转换生成语法，都是动词核心观。在面对句子如何生成这个问题时，动词核心观认为，动词内部有丰富的语义结构，它不单代表一个动作、行为，还内在地蕴含着一个论元结构。比如“吃”不但代表一个咀嚼进食的动作，还蕴含“吃者”和“被吃的东西”，否则“吃”无法独立存在，可见“吃者”和“被吃的东西”是动词的不可忽略的语义成分。这种语义成分现代语言学里叫作题元或论元，施事、受事、与事、工具等是论元的不同类型。“吃”的语义结构（或者叫论元结构）现代语言学通常描写为：

吃（施事，受事）

意思是“吃”有两个论元，一个是施事，一个是受事。以“吃”为核心的句子怎么生成呢？“吃”先出来站好，其施事走入它左边的位置，受事走入它右边的位置，形成这样的格局：施事—吃—受事。我们用“出来站好”“走入……位置”是为了通俗易懂，这个过程学界的术语叫“projection（投射）”。就是说，“施事—吃—受事”这个线性结构是由动词“吃”的词义投射出来的，这是标准说法。可是到现在句子还没生成，“施事—吃—受事”还不是一个句子。是的，句子是描述经验世界的，“施事—吃—受事”只是一个能生成无穷多句子的一个框框（叫公式也许更好理解），它还没有与经验世界相联系。我们现在给施事赋值为“阿 Q”，给受事赋值为“瓜”，就与经验世界联系上了，就有了“阿 Q 吃瓜”这个句子。这就是动词核心观，Goldberg 把它叫作“词汇主义”，并不遗余力地加以批判。

Goldberg 秉持下列构式核心观：

a. 构式有自己的论元结构，构式中论元的数量和性质由构式而不是由动词决定。比如 bake（烤制），在我们的大脑词库中它应该有两个论元，投射生成 She is baking a cake 这样的句子是顺理成章的；可是在实际交际中，它也出现在 she baked him a cake 中。此句中有三个 NP，而 bake 只能投射出两个论元，第三个论元（him）怎么说呢？这正是动词核心观（或曰词汇主义）的难题。在论元结构构式语法看来，双及物构式自己有论元结构（施事、接受者、被转移的客体），she baked him a cake 是双及物构式的一个实例，him 是构式的论元，不是 bake 的论元，它出现在句子里，并被解读为接受者由构式而不是由 bake 允准（license）。

好像有问题，双及物构式有三个论元，动词 bake 有两个论元，总共是五个，而句子里只出现三个。him 算构式的论元，撇开不论，剩下的两个是动词投射的还是构式自带的？Goldberg 说融合（fused）了，bake 的施事与构式的施事融合为一个，bake 的受事与构式中被转移的客体融合为一个，这就不差账了（Goldberg，1995/2007：8—9）。再比如 sneeze（打喷嚏），它只能投射出一个论元，可是 He sneezed the napkin off the table 这个句子里有三个论元，有两个是致使移动构式自带的，还有一个是 sneeze 的施事与构式的施事融合的结果。

b. 构式会对进入构式的动词的意义进行调整使其适应构式的语法意义。还以 she baked him a cake 为例，bake 本没有使什么东西转移的意义，可是 she baked him a cake 中明显有把 cake 转移的意义，这个意义是哪来的？Goldberg 说这一转移意义是构式赋予 bake 的。构式可以为动词提供其原来没有的意义，这一点 Langacker（2008/2016：433—435）有非常精彩的说明：

> 在成人语言使用中，双及物模式扩展至许多并非简单转移的情景中。一类现象如：
>
> （a） she made him a bike.
> They built us a porch.
> I knitted her a sweater.（创造类）
>
> （b） he wrote me achech.
> She baked them a pie.
> Peel me another orange.（准备类）
>
> （c） I bought him a clock.
> Find us some rags.
> She got you a fancy car.（获得类）
>
> ……
>
> 因此，并非这些动词起初具有转移意义，使其得以用于核心双及物构式。实际情况是，即使在缺乏这一内容的情况下，它们也可以用于这一构式，因此这一内容必定是由构式本身提供的。以上三组用例的复合意义结合了创造、准备、获得义——其结果均是某物可加以利用——与转移至某一接受者的意义，这一转移意义是由构式图式提供的。

构式能够抑制词义的某个方面，能够凸显某个方面，还能为动词提供其原来没有的意义，在 Goldberg（1995）中叫 construction coercion（构式压制）。

压制（coercion）是一个很有用的概念。我们再说得清楚一些，压制在国外语言学文献中是一个热点，被引用较多的是 De Swart（1998）和 Michaelis（2004）的定义。

DeSwart（1998：360）：

> Coercion is that coercion is syntactically and morphologically invisible: it is governed by implicit contextual reinterpretation mechanisms triggered by the need to resolve aspectual conflicts.（压制是无形的：它受制于由解决体冲突的需要引发的基于语境的重新解读机制）

DeSwart（1998）是专门研究“aspect（体）”压制的，所以定义中使用了 aspectual，显得窄了点儿，所以 Michaelis（2004）在引用这个定义的时候将 aspectual 换成 semantic 了，这就变成普适性的了。

Michaelis（2004：25）把 coercion 提升为 The override principle（强制原则）：

> If a lexical item is semantically incompatible with its morphosyntactic context, the meaning of the lexical item conforms to the meaning of the structure in which it is embedded.（如果词义与语境义不相容，词项的意义要服从结构意义的要求）

这是至今所见的最强版的压制定义。

施春宏（2014）：

> 所谓构式压制，指的是这样的现象：在组构成分进入构式的过程中，构式向组构成分提出需要满足的准入条件，如果组构成分的功能、意义及形式跟构式的常规功能、意义及形式不完全吻合，则通过调整其功能和意义结构及形式结构中的某些侧面以满足该准入条件。若两相契合，则构式压制成功；若不能两相契合，则构式压制无效。

这个定义排除了任何词语可以通过压制进入任何构式的可能性，压制不是施加于任何成分都是有效的，考虑得很全面；作为定义，再简洁点儿就更好了。

论元结构构式语法靠着解释动词的特异用法解释角色误配（mismatches of roles）现象而一鸣惊人，其方法颇有可借鉴之处。如果一个学者声言要研究一个句式，但他对构式语法还一无所知，我们建议他在开始工作以前补上这一课。

汉语有很多“特异”句式，比如“王冕死了父亲”“孟姜女哭倒了长城”“被自杀”“很中国”等，从构式语法角度研究它们的理路是：找到它们各自所属的构式，搞清楚它们由什么构式经压制或隐喻、转喻扩展而来，这样至少它们的生成机制就搞清楚了。

第四章

汉语词类、词性问题

霍凯特（1958/1986：330）说一种语言的语法核心是：

它的词类系统。

它的语法范畴。

它的功能成分。

它的结构类型。

任何语法描写都离不开名词、动词、形容词之类的初始范畴，所以霍凯特把词类系统列为语法核心内容的第一项。从语法学建构的角度说，词类系统是首先要解决的问题，否则其他工作无从着手。不幸的是，汉语语法学恰恰就卡在这一环上。

汉语词类问题是一个虽经几代语法学家不遗余力的努力但至今也没有解决好的老大难问题，问题的症结是词的同一性（identity）问题没有解决好。

4.1　词的同一性问题

“拿把锯锯木头”，这里出现两个“锯”是一个词还是两个词，这便是词的同一性问题。若认为是一个“锯”而有两个义项（一个表工具，一个表行为），把先后出现的两个“锯”看作同一个词（一个多义词），这就是认为两个“锯”有同一性，词典收一个“锯”注明两个意义就行了。若认为应看作两个词，一个是名词，一个是动词，二者是同形同音词关系，那么就是认为二者没有同一性，词典要作为两个词条收录。

目前判定鉴定对象有无同一性使用的是意义标准：

如果鉴定对象之间意义上有联系，便认为它们有同一性，看作一个词（多义词）。若它们意义上没有联系，或已经看不出有什么联系，就认为它们没有同一性，看作几个词（同音词）。

例如“这是一块冰”“这块铁板很冰手”，这里两个“冰”在意义上有明显联系，二者有同一性，是一个词（多义词）。而“一把米”和“一米长”的“米”，二者的意义无联系，没有同一性，应看作两个词。

可操作性是标准的生命，然而意义标准刚好缺少这一属性。面对同一对象，有人认为有联系，有人认为无联系，永远是一锅粥。比如“拿把锁把门锁上”，朱德熙（1982：38）认为二者意义完全不同，看作两个词；张志公（1953：21）认为二者有同一性，是一个词；吕叔湘（1954）认为可看作一个词也可以看作两个词。类似的情况很多。

事情到了朱德熙（1983）似乎有了些进展，朱先生把谓词的名词化分为“自指”“转指”两种。kindness 是由 kind 派生的，前者是后者的自指形式。Writer 是 write 派生的，前者是后者的转指形式。在此基础上提出自指的是同一个谓词，转指的算另一个名词。就是说“这本书的出版”和“这本书出版了”中的“出版”是同一个词，并且是同一个动词；“拿把锁把门锁上”里的两个“锁”没有同一性，是两个词。把转指的从谓词里分化出来，总算有了些许进步。

意义标准不是没人质疑过，杨成凯（1991）：

> 严重的问题是，从意义出发鉴定词例的同一性的传统做法根本未经严格的论证和分析，大家都是想当然。……“这本书的出版”中的“出版”一般不带“了、着、过”，但可带定语；“这本书出版了”中的“出版”可带“了、着、过”，但不能带定语：二者刚好相反，怎么加合？

但杨先生也没有进行证伪操作。王光全（2000a，b）试图使用同形组合材料挑战意义标准：

a. 这个节目特别吸引观众（记作：特别$_1$）

b. 他的脾气很特别（记作：特别$_2$）

c. 我觉得这个银象奖晚会特别特别。（CCTV，1999-3-16《梦想剧场》）

王光全把“特别特别”称为同形组合，并描写为“X_1X_2”，然后把下列观察作为论证的基础：

（1）“X_1”与“X_2”意义联系密切，因而词典当作一个词收录。

（2）“X_1X_2”不是重叠形式，而是组合形式。

（3）“X_1”“X_2”属于副词、形容词两个不同范畴。

（4）“X_1”与“X_2”的意义都是常用意义，不存在临时活用的问题。

接下来进行了如下论证：

(1) 既然人们能用“X_1”“X_2”组成一个词组，说明人们是把它们当作两个自由运用单位看待的。

(2) 承认“X_1X_2”是词组就必须承认“X_1”与“X_2”是两个词（没有同一性），因为句法组合发生在一个词的内部（两个义项之间）是荒唐的。

这个证明的逻辑是：参与直接组合的两个句法成分属于不同的词应该是不证自明的公理，就是说，无论如何句法组合不应该发生在同一个词的不同义项之间——不能发生在同一个词位的内部，而“特别特别”是偏正词组，是句法组合，若仍据意义标准认为“特别$_1$”“特别$_2$”有同一性，则有悖公理。这样，意义标准就被证伪了。

“特别特别”不是孤例，王光全还举出了“尿尿”、“把把”（他骑车子不把把）、“好好”（他的声音好好哦），以及古汉语的“是是”（肯定对的）、“非非”（反对错的）、“事事”（做事）、“形形”（形成形体）、“生生”（生出生命）、“安安”（安于安乐）等例证；但这个证明没有得到学界的回应。

就这样，人们仍旧在坚持意义标准的前提下进行着热火朝天的词类划分的实践。

4.2　词类划分的标准

任何划分实践都要先确立划分标准。汉语词类划分先后使用过四个标准：句子成分标准、意义标准、分布标准、功能—形态—意义标准。

4.2.1　句子成分标准

这是黎锦熙先生在1924年出版的《新著国语文法》中提出的标准，其表述形式是：“凡词，依句辨品，离句无品。”[①] 用句子成分标准给词分类的操作程序是，先建立词类与句子成分的对应关系，比如让名词与主宾语对应，让

① “品”即“类”。

形容词与定语对应，让动词与谓语对应，让副词与状语对应。这样的对应确立以后，再按词在句子中担当的成分确定它的词类归属。一个词，作了主宾语就说它是名词，作了定语就说它是形容词，作了状语就说它是副词，等等。如果一个动词没有担任谓语，而是出现在主宾语的位置上（死不可怕，我不怕死），就说这个词转类了。词可以在不同类别之间转来转去，结果就是人们最不愿意看到的词无定类；后来在 20 世纪 50 年代的词类问题大讨论中与意义标准同样受到质疑就不奇怪了。

4.2.2 意义标准

意义标准发生过重大影响。20 纪 40 年代王力的《中国语法理论》《中国现代语法》、吕叔湘的《中国文法要略》都采用意义标准。用意义标准划分词类的程序是先给词类下个定义，符合这个定义的词就是这个词类里的成员。比如先定义名词："凡实物的名称，或哲学科学上的名称叫作名词。"然后根据这个定义把"保管员，河流，青草"等认定为名词，因为它们符合名词的定义。下面的材料来自王力（1943：11—18）：

> 假定您看见一匹马，您叫它"马"，"马"就是它的名，又假定您看到一张桌子，"桌子"就是它的名。我们把"马"和"桌子"都叫名词，因为它是实物的名。人为万物之灵，可见人也算是物之一种；因此，"人"也是名词。
>
> 名词所代表的物，大多数是看得见，摸得着的。但是，社会的组织，如"政府""团体""会议"等，虽然看不见，摸不着，也该认为名词。哲学上或科学上对于某一类事物所给予的名称，如"道德""因素"等，也该认为名词。……
>
> 假定您看见一匹马，您觉得这马是白的。这"白"就是那马的德行，又假定您和一个朋友相处，您觉得他是好人，这"好"就是那人的德行。咱们往往拿这些表示德行的词去形容人物，所以这一类词叫作形容词。
>
> 假定您看到一只鸟在飞，这"飞"乃是鸟的一种行为。又假定您注意到一个人在读书，这"读"乃是那人的一种行为。凡行为都是一种动态，所以我们把这种表示动态的词叫作动词。

到了 20 世纪 50 年代，在全国语言学界有一次长达两年的关于词类问题的大讨论。在这次大讨论之后，学界放弃了意义标准。因为划分词类的目的是要把有共同语法功能或功能相近的词归在一起，而意义标准不能保证这一点。由于表示同类概念的词语语法功能不一定相同。例如“金”和“金子”代表相同的概念，按照意义标准应该属于同类，可是它们语法功能却不相同。前者能修饰名词，而后者却不能（金项链，＊金子项链）；前者不受数量词修饰，而后者能（＊二两金，二两金子）。“金”和“金子”意义相同，功能上却表现出截然的对立[①]。再如，“刚才”“刚刚”的意思相同，可是前者可作介词宾语（在刚才），后者不能（＊在刚刚）。“红”和“红色”、“长”和“长度”、“打仗”和“战争”也是意义相同，功能上有对立，这样的情况很普遍，所以按意义标准分类不能保证每类词有大致相同的语法功能，因而也就不是词的语法分类了，而这恰恰违背了划分此类的目的，因此人们放弃了意义标准。

4.2.3　分布标准

分布（distribution）标准，又叫功能标准，是结构主义标准。朱德熙的词类系统影响巨大，采用的就是结构主义的分布标准。但因为坚持同一性的意义标准，据同一词形搞出来的一群分布特征往往涵盖了动词、名词、形容词的所有特征，这样名动词、名形词等不叫兼类也是兼类的各种类别不可避免地产生了。究其原因，在词的同一性没有解决好的情况下，据同一词形搞出来的一群分布特征不知道是一个词的分布还是一个词族的分布总和（王光全，2000b）[②]。执行分布标准，兼类词泛滥，比句子成分标准没好到哪里去。其实，一开始就有个矛盾，一方面承认词是多功能的，一方面又以功能为标准分类，结果可想而知。

4.2.4　功能—形态—意义标准

20 世纪 50 年代词类问题大讨论中分布标准得以树立，意义标准被否定，但很多学者最终也不愿意彻底放弃这个标准，比如吕叔湘（1954）：

> 不拿词的意义作划分词类的正式标准，也不是说在一定条件下从词的意义退订它所属的词类是不可能。这是完全可能的，且在汉

① 参见朱德熙（1982：52）。

② 意义相同而所属范畴不同的一群词，比如 die、death、dead 属于同一个词族（word family）。

语这种词无变形的语言，恐怕实际上是难于避免的。……换句话说，凭意义归类，只要认清它的缺点，提高警惕，就可以适当地利用它，因为它比别的办法简便。……总归一句话，无论用什么方法划分词类，词义是一项重要的参考标准。

吕叔湘先生这种观点在一些《现代汉语》教材里得到认真贯彻。以黄伯荣、廖序东主编的《现代汉语》第二版下册为例，第 8 页："分类的依据是词的语法功能、形态和意义。"汉语缺少形态，因而把形态作为标准之一，不太容易理解，耐人寻味的是教材上的这段话（第 10 页）：

功能、形态意义三者是一个统一体的不同表现。在运用分类标准时要注意分清主要和次要。汉语划分词类，语法功能是主要的。

划分最忌讳多标准。形态没有普遍性，撇开不论。功能标准和意义标准是两个标准。在划分实践中，我们可能面对的情况无非两种：

（1）功能标准和意义标准指向同一结果，这时功能标准自己就搞定了，没必要考虑意义标准。

（2）在功能标准和意义标准指向不同结果（两个标准出现分歧）时，由哪个标准作最后裁决呢？如果用意义标准，那没有最后裁决权的功能标准还叫主要标准吗？如果还是用功能标准来裁决，那从一开始意义标准岂不就是多余的？总之，在我们可能面对的两种情况下，意义标准一直都是多余的，加上它徒增混乱而已。

汉语词类的包含模式：

沈家煊 2007 年以来一直致力于汉语词类研究，发表多篇论文，从多个角度论证一种汉语词类的包含模式：

印欧语里名、动、形是三个独立的类，小有交叉。汉语里名、动、形三者之间是包含关系，形容词作为一个次类包含在动词类之中，动词作为一个次类包含在名词类之中。汉语的名、动、形都在一个大圈实词类中，三者缺乏印欧语那样的独立性，从这个角度看，"汉语的实词不能分类"的说法不无道理。从另一个角度看，虽然是包含关系，但是名、动、形仍然有一定的独立性，因此说汉语的实词也一样能分类。（沈家煊，2009）。

这个包含格局是名词和动词"既分又不分"的格局。不分，因为动词也是名词；分，因为名词不都是动词。要问汉语有没有"动词”这个类，回答是，有也没有。没有是指没有一个独立的动词类，动词属于名词；有是指名词中有一类特别的动态名词，动态名词就是汉语的动词。正因为汉语的动词本来就都是名词，所以汉语的动词作主宾语的时候没有“名词化”的过程和手段。（沈家煊，2015）。

王光全（2000b）曾提出一种类似观点。该观点认为词类是词族（word family）的投射。

表 1

动词	名词	形容词	副词
die	death	dead	
intend	intention	intentional	intentionally
collect	collection	collective	collectively
direct	direction	directive	
apple			
desk			
……			

上表中，每一横行都是由具有同源派生关系但属于不同范畴的一组词构成的词族，desk、apple 这种词所在的词族只有一个成员——单身词族。每一列代表一个词类，每个词族都将其成员分配到不同的列里去，这才有了词类。所以说，没有词族就没有词类。按沈家煊的观点，为汉语制作一个类似的图表只画一列就够了，因为都是名词。按照王光全（2000b）的意思，画一个类似表 1 的表应该是表 2 这个样子：

表 2

动词	名词	形容词	副词
死	死	死	死
模糊	模糊	模糊	
丰富	丰富	丰富	
红	红	红	
出版	出版		
马			
……			

分歧在于沈家煊固守同一性的意义标准，认为一个符号代表一个词，这个词既指称又述谓，还修饰，一词多能。王光全（2000b）认为存在着同形符号，有四个同形的“死”，它们形式相同，但分工明确。apple、desk 可以叫表物名词，death、explosion、publication 可以叫表事名词。一个民族的语言里缺少表事名词是不能想象的，因为那将使谈论事情成为不可能。沈家煊认为一词多能，动词同时兼有表事功能，其情形仿佛是一个人开的小吃店，这个人既当厨师又作服务员。王光全（2000b）的情形则是一个由一对双胞胎经营的餐馆，一个当厨师、一个当服务员，只是他们面貌相同，常让人认不清是一个还是两个。王光全（2000b）认为他们是两个，因为见到过他们手拉手一起出现的情形——4.1 中提到的“X_1X_2”同形组合结构：

我觉得这个银象奖晚会特别特别。(CCTV，1999-3-16《梦想剧场》)

信信，信也，疑疑亦信也。(《荀子·非十二子》)

是是非非谓之知，非是是非谓之愚。(《荀子·修身》)

“X_1”“X_2”作为两个词例无法合并为一个词位的道理 4.1 中已经讲过[①]。

4.3 汉语方位词

4.3.1 方位词的范围

汉语实词系统中问题最突出的是方位词。原来看作名词的一个附类，朱德熙（1982）把它提升为与名词、动词并列的范畴。

单纯的 16 个：上、下、前、后、东、西、南、北、左、中、右、内、外、里、间、旁。

单纯方位词按照下列机制构成合成方位词：

A 在单纯方位词前加“之，以”：之上，之间，之后；以后，以前，以

① 详细论证参见王光全（2000a，b）

内，以里……

B 在单纯方位词后加“边，面，头”：前边，前面，前头，左边，右面，里边，里面，里头……

C 两个单纯方位词对举：上下，左右，前后，内外，里外……

下表反映了传统看法中的方位词总量及合成方位词的生成方式：

上	下	前	后	左	右	东	西	南	北	中	里	内	外	间	旁
之上	之下	之前	之后			之东	之西	之南	之北	之中		之内	之外	之间	
以上	以下	以前	以后			以东	以西	以南	以北		以里	以内	以外		
上边	下边	前边	后边	左边	右边	东边	西边	南边	北边		里边		外边		旁边
上面	下面	前面	后面	左面	右面	东面	西面	南面	北面		里面		外面		
上头	下头	前头	后头			东头	西头	南头	北头		里头		外头		
上下		前后		左右		东西	西南	南北			里外	内外			
						东南	西北								
						东北									

4.3.2　方位词的本质

方位词这一范畴印欧语没有，韩语、日语也没有，“许多语言似乎并不见有这个词类，表示其意义的词在其他语言中依其句法表现分入名、副、介等词类”。[①] 汉语为什么需要这样一个其他语言里没有的范畴？这个范畴有什么用？

据王光全、柳英绿（2008），方位词的本质是处所化标记，其观点为：人类语言都有处所名词，但哪个民族也不可能把每一个角落都起出名字来，这就造成了有指称需要却没有指称形式的矛盾。对此，各种语言都有一个生成未名处所指称形式的机制。英语用介词将普通名词处所化：the desk 不是处所，但 under the desk、on the desk、beside the desk 都是处所。有了这种机制，任何没有现成名字的处所都可以指称。汉语是另一种机制：“桌子”不是处所，但“桌子上，桌子旁，桌子里，桌子下”都是处所，汉语生成未名处

① 刘丹青（2004：113）.

所指称形式机制之一是“普通名词＋方位词”。这样就得出了方位词的本质：处所化标记——专门用来制作未名处所指称形式的工具。

因为学生母语里没有这个范畴，所以在对外汉语教学中方位词教学是一个难点。有三个问题需要解决：什么时候必须用方位词？什么时候不能用？什么时候可用可不用？

既然找到了方位词的本质，这个问题的答案就有了：

（1）当一个 NP 本身就表处所时，不必处所化，一定不用方位词。此规则可避免生成“我的家乡里没有这种水果”这样的句子。

（2）当一个 NP 本身不表处所时，必须处所化，一定要用方位词。此规则排除了“苹果落着一只苍蝇”这样的句子。

（3）当一个 NP 不是纯粹的处所名词但有处所含义时，方位词可用可不用。此规则保证“我在教室等你”和“我在教室里等你”都合法。

以上是王光全、柳英绿（2008）的部分观点，好像问题已经解决了，但（3）中隐含的问题的复杂性显然是作者始料未及的。

有的时候，判断一个名词是否有处所意义并不容易。比如“马路”“大街”有处所意义吧？但必须处所化。“火星、地球”有处所意义吧？可是我们得说“火星上没有水”“地球上没有外星人”，必须处所化。“江、河、湖、海、山”算不算有处所意义？这些都说明这个领域里还需要继续做工作。但作为教学策略，（3）似可以这样修改：

（3′）若不能断定 NP 有无处所意义时，直接处所化。这样“马路、大街、江、河、湖、海、山、火星、地球”就直接被正确地处所化了，当然“教室、体育场、公司、车站”这些可以不处所化的也被处所化了，好在生成的仍是正确形式。

4.3.3 方位词的词类地位

刘丹青（2004）经过多角度详细论证后，认为方位词是后置介词，这一定位的积极意义在于把方位词排除在实词之外，对方位词的认识前进了一步。王光全、柳英绿（2008）看作处所化标记，其实也否认了方位词的实词地位，但是定性为介词也还有不方便的地方。如果是介词，“桌子上”就是介词结构，“桌子上有一盘花生米”就得分析为介词结构作主语。比较一下“北京有个奥运村”就可以看出，“桌子上”与“北京”属于同一范畴，“桌子上”无疑是个临时处所名称，所以叫处所化标记似乎更能直接体现其作用。不仅如此，叫处所化标记还能解释一个普通名词为什么有时要加方位词、有时不加。比如“从杏里掏出杏核来”，“杏”作为“地方”处所化了，“从这个杏到那个杏 30 厘米”，“杏”决不能加方位词，因为这个语境里“杏”代表点，没当作处所用，所以不能处所化。

但叫“标记”没有指出方位词是哪一个层次上的单位，在格语法里，in、on、at、from 等是语义格标记，语法性质是介词。汉语方位词是处所化标记，是哪一个层次上的单位？词缀？介词？助词？这也是一件需要进一步落实的事情。把方位词当作功能词（虚词）的一类，仍叫方位词，其功能为处所化标记。这样处理应该是一个可以考虑的选项。

4.3.4　方位词功能的隐喻扩展

把方位词叫处所化标记容易遭到这样的质疑：“三天内，他们中，工作上”都不表处所，前两个表范围，第三个表示“某方面”。这可以解释为处所化功能的隐喻扩展。刘丹青（2004：82）：“处所方位范畴是人类语言中最基本的关系范畴，其他许多关系范畴常常可以看作这类范畴的隐喻或引申，因为它们借用处所范畴的形式或方式来表达。”笔者认为，处所与范围存在着天然联系，如果不把处所看作初始概念，继续分析它的构成要素，它包括两个必有义素：(1) 与他物的位置关系；(2) 范围。而且范围更本质，“他住在上海”并不是整个上海都归“他”住，他只是在上海这个范围内居住。“桌子上有一本书”，不是“书”覆盖了整个桌面，“桌子上”更多的是指明一个范围。范围是处所内含的语义成分，所以在一个忽略位置关系的语境里，处所表达式可以直接表范围。“工作上”表示“某方面”，是范围的具体划定而已，没有跑出范围范畴。所以，叫“处所化标记”更本质地反映了方位词的功能。

4.4 定语标记“的”

结构助词“的”的一个功能是作定语标记，困难的是给不出“的”的使用条件。什么时候要用、什么时候不用是一线汉语教师最头疼的问题，我们在“1.1”里讲过这个问题的复杂性。

朱德熙（1956）把形容词分为简单形式和复杂形式，前者包括单音形容词（大、红、多、快、好）和一般双音形容词（干净、大方、糊涂、规矩、伟大）。后者包括：

（1）重叠式（小小儿、干干净净、糊里糊涂）

（2）带后加成分的形容词（黑乎乎、红通通）

（3）煞白、冰凉、通红、鲜红……

（4）以形容词为中心构成的词组（很大、挺好、那么长）

同时洞察到两个大类语法意义不同：简单形式表属性，复杂形式表状态——形式和意义对应起来了。

朱德熙（1956）又把定语分为限制性的和描写性的，定语与中心语之间有“的”的是描写性的，无“的”的是限制性的。限制性定中结构表示一个新的类名，例如“白纸”是“纸”的下位类名，而“白”是分类的依据。“花儿”是个类名，加上“红”之后就形成一个新的类名。就是说，“形单＋名”这种结构是分类动机驱动的。形容词的四种复杂形式都必须加“的”才能作定语，因而由它们担任的定语都是描写性的。

“限制性”“描写性”的区分和“类名”的提出对日后的研究有很大的促进作用，但“的”字的隐现问题仍没有答案。

这个问题之所以没有进展，是人们把下面的 A、B 两组材料作同样看待：

A	B
白马	白的马
高山	高的山

脏水　　　　　　脏的水
好人　　　　　　好的人
大苹果　　　　　大的苹果
猪肉　　　　　　猪的肉
牛皮　　　　　　牛的皮
马腿　　　　　　马的腿
……　　　　　　……

王光全、柳英绿（2008）指出，语料库里只有A，没有B，说明中国人不说B，后者只存在于我们的容错范围内，最多算“也对”形式，概括规则时应不受B的干扰（参见本书“2.2”）。这样一来，问题就简化了。排除B类，抓住朱德熙提出的“类名”，王光全、柳英绿（2008）给出了两条规则：

规则1：表量定语后边不用“的”。

表量定语指下面结构中的定语：

一桶水，一口水，一点点儿水，那些水，这几桶水，
很多水，三个苹果，一筐苹果，四百号人，五台汽车，
……

规则1保证学生不会生成“一桶的水、那些的水、三个的苹果”这样的错误结构。

规则2：用A修饰B，若你能断定AB是B的一个次类，则直接生成“AB”，否则生成“A的B”。

规则2管的面很大，它不问作定语的是什么成分，只关心AB是不是一个类名，是类名就直接组合，不是类名就加“的”。我们来检验一下规则2是否管用。想用“热”给“水”作定语，不知道该说“热水”还是“热的水”，按照规则2，思考路径是：生活中将水分成热的、冷的这样的类吗？若答案是肯定的，“热水”是一类水，不是一部分水，直接生成“热水”就好了。想用“刚烧开”和“水”组成定中词组，只需判断出水并不按照是否刚烧开而分为不同的类，就直接生成“刚烧开的水”。

规则2可直接避免生成“物理的书，猪的肉①，做红烧肉能力，炒鸡蛋技

① 语料库里有“猪肉”3489例，没有“猪的肉”，但有“这头猪的肉，死猪的肉，病猪的肉，病死野猪的肉”，都不表示肉的种类。我们并不把猪肉分为“病猪肉、死猪肉”这样的类别。

术”这样的错误结构。

分类能力是人类共有的逻辑能力，规则 2 的可贵之处在于利用了人类的普遍能力而不依赖特定语言的知识，这对学汉语的外国人尤其适用。

规则 2 中使用了“若你能断定”字样，使规则具有一定弹性。这使人们能轻松面对“标致”给“姑娘”作定语这种情况，人们在判断“姑娘”能否按照标致与否分类时会有一定困难，那就是“不能断定”。按照规则 2 直接生成“标致的姑娘”好了，语料库中“标致姑娘”有 2 个用例，“标致的姑娘”有 4 个用例。

规则 2 可以解释很多问题：

领属定语为什么要用“的”？因为“某人的 N”（李强的床）不表示一类 N，只是个体 N，或最多是一部分 N。[①]

状态形容词（热乎乎、干干净净、冰凉）作定语为什么必须加“的”？因为它们不可能是分类标准，不可能生成一个类名。

“后妈、亲妈”为什么不能加“的”，因为它们是类名。

为什么区别词作定语不加“的”？因为它们都扮演分类标准的角色，由它们作定语的定中结构都表类名。

为什么“聪明的小胖儿”成立，而绝对没有“聪明小胖儿”？

对于只存在一个元素的集合无法分类。“小胖儿”代表个体，不能分类。

可不可以不限于“类名”？就是说，是不是所有名称里边都不能用“的”？不是。《静静的顿河》《上海的早晨》是书名，《莫斯科郊外的晚上》《那些很冒险的梦》是歌名，《沉默的羔羊》《属于你的我的初恋》是电影名。

4.5 汉语同义介词、连词问题

稍微浏览一下汉语介词表和连词表就会发现，汉语在这两类词里同义词

---

① “我妈妈”不表示一个类别，为什么可以不用“的”？代词作定语用不用“的”受到了距离原则的干扰（参看：王姝，2012），若按规则 2 生成“我的妈妈”也是正确形式。语料库里“我的妈妈”有 158 例。

特别多。这在各种语言中都是极为少见的。比如普通话里“同、与、跟、和”就是具有相同功能、表示同一种语法意义的四个介连兼类词并存；同是表示方向的有“向、往、朝”三个；同是表示起点的有“自、从、打、自从、打从、自打从……”。总之，表示同一功能的介词不少于两个。与英语对比一下，可以更直观地了解这里所说的事实：英语中一个 and 对应汉语“同、与、跟、和、及”五个形式，一个 from 至少对应汉语“自、从、打、自从、从打……”多个形式。介词、连词都属于功能词，一个功能有一个词负责就够了，汉语为什么会这么多？“在语言的共时平面中，同一功能由两个或几个词来表示，这是不符合语言的经济原则的。”（杨荣祥，2005。参见：蒋绍愚、曹广顺，2005：154）既然违背经济原则，而现实确实如此，其中的原因是什么呢？最容易想到的原因大概是不同语体的需要：为了体现不同的语体色彩需要使用不同的形式，这样就造成了一个功能对应多个形式的现实。可是语言事实对此种猜想的支持非常无力。我们选电视剧《我爱我家》台词文本作为北京话口语的代表，以《中美上海公报》《中美联合声明》《中华人民共和国劳动法》三个文本为书面语的代表，考察“同、与、跟、和”四个介连兼类词的色彩分工。结果是，在《我爱我家》中，这四个词都出现，既作介词也作连词。从这个文本中看不出它们的色彩差异。在三个书面语文本中，“跟”未出现，“同、与、和”都出现，既作介词也作连词。这样，可以得出结论：“跟”是口语词，“同、与、和”则可通用于口语和书面语，无语体色彩差异。显然，语体色彩需求解释不了“同、与、和”在两类文本（口语、书面语）中并存的原因。

经过对大量语料的观察我们发现，支持同义虚词（主要是介词、连词）并存的原因主要有两个：

4.5.1 骈偶句偏好支持了同义并存

王力在《中国古典文论中谈到的语言形式美》一文中说：“中国古典文论中谈到的语言形式美，主要是两件事：第一是对偶，第二是声律。”（王力，1982：456）翻翻历史文献不难发现，骈偶式表达无处不在，不仅在诗词歌赋中，即便在史论文献中也随处可见：

（1）信而见疑，忠而被谤，能无怨乎？（《史记·屈原列传》）

（2）奉之弥繁，侵之愈急。（苏洵《六国论》）

骈偶式表达是一种语用习惯，这种习惯怎样影响了汉语呢？这缘于骈偶句的一个特殊要求：同位不重字。就是要尽量避免同一个字出现在上下句的同一个位置。例如（1）的上句“……见……”和下句的“……被……”对应，（2）的上句“……弥……”和下句的“……愈……”对应。在相对应的位置上使用了义同音不同的字。这样，要满足骈偶的要求，一个意义至少要有两个形式。举例来说，在single这个意义上，汉语有“单”和“独”两个对应形式，这样才好构成“单丝不成线，独木难成林”这样的对仗，若只有一个“单”或只有一个“独”，要想使用骈偶形式来表达这个意思，就巧妇难为无米之炊了。同样的，若表遭受意义只有一个“见”或“被”，（1）那样的对仗也无从谈起。骈偶形式的偏好和骈偶形式同位不重字的这一要求使汉语同义词聚合异常发达。

以上谈的多是实词，骈偶句里也要经常使用虚词，而且同样要遵循同位不重字的规则，这就要求同一个功能有多个形式。例如：

（3）落霞与孤鹜齐飞，秋水共长天一色。（王勃《滕王阁序》）

（4）共琴为老伴，与月有秋期。（白居易《对琴待月》）

（5）春华与秋实，庶子及家臣。（陆厥《奉答内兄希叔》）

（6）蚕共茧、花同蒂，甚人生要见，底多离别。（吕渭老《贺新郎》）

（7）来从东海上，发自南阳山（萧纲《霹雳行》）

（8）只知沤向水中出，岂知水不从沤生。（《祖堂集卷九·洛浦和尚》）

（9）不分气从歌里发，无明心向酒里生。（白居易《元和十二年淮寇未平诏停岁仗愤然有感率尔成章》）

（10）当窗理云鬓，对镜帖花黄。（《乐府诗集·木兰辞》）

（11）恩所加，则思无因喜以谬赏；罚所及，则思无以怒而滥刑。（魏征《谏太宗十思疏》）

（12）宝剑锋从磨砺出，梅花香自苦寒来。（民间警句）

（13）智慧源于勤奋，伟大出自平凡。（民间警句）

以上举例贯通古今，没分年代，意在说明虚词成对地广泛用于骈偶表达，古今不异。下面集中观察几个唐诗中的用例：

(14) 人同黄鹤远，乡共白云连。(卢照邻《送幽州陈参军赴任寄呈乡曲父老》)

(15) 朝与城阙别，暮同麋鹿归。(马戴《山中寄姚合员外》)

(16) 烟和魂共远，春与人同老。(韩偓《幽独》)

这三联唐诗共使用了四个介词——与、共、同、和，两个平声（和、同），两个仄声（与、共）。这四个介词的意义和功能都相同。若择一原则得到彻底贯彻，只保留它们中的一个，则无法构成对仗句式。追溯一下这四个介词的历史也很有意思。“与”产生最早，《诗经》里已有很多用例（马贝加，2002：189），“共”产生于六朝（于江，1996；吴福祥，2003），“同”产生于唐代（马贝加，1993）。“介词‘和’从唐代开始用。”（太田辰夫，2003：246）唐以前就有了“与”“共”这两个同义介词，构成一般的骈偶形式已不成问题。可是唐代格律诗定型以后，句数、字数和平仄、用韵等都有了严格的规定，这样两个同为仄声的“与”和“共”便难以在同一联的上下句里构成对应（会形成仄对仄的情况），在这种情况下，读平声的介词“同、和”便应运而生。骈偶句的格律要求使同义语法形式的数量不减反增，在唐格律诗里形成了“同、和”与“共、与”的对应，造成了四个同义介词并存的事实。后产生的这两个介词是平声而不是仄声，绝非偶然。若在这四个里面选择两个（一平一仄），倒是可以满足构成骈偶句的需要，可是让人们不约而同地作出同样的选择是不现实的。“共”到明代渐渐淡出介词系统（于江，1996），择一原则有所表现，但同时在这组介词里又加进了一个“跟”，数目上仍维持着四个，而且这四个一直保持到现代汉语里。两个就够用，却有四个，制约择一原则的应该还有其他原因，下面我们会继续挖掘。

必须强调的是，骈偶句式的使用对汉语虚词择一原则的影响并没有因格律诗的衰弱而减弱，因为不仅在新闻标题、对联这样的文体里，在一般文献里，对偶作为一种修辞格也一直被广泛使用（寒从脚起，暖自鞋生。——保暖鞋广告），可以说骈偶句无处不在。所以，骈偶句的使用对汉语虚词语法化影响仍不可低估。

4.5.2　同音规避支持了同义并存

同音规避是为避免两个同音形式邻接共现而进行的纯形式调整。[①] 这个定

① 同音规避是王光全（2009）提出的，本书参照该文并作出了重新界定。

义应如下理解：

1.“XX”代表线性序列上相邻音步里的两个同音形式（不是一个词的重叠式），而这两个词读音完全相同，这就是同音形式邻接共现。

2.为了避免这种同音形式邻接共现，把“XX”中的一个“X”换成与之同义但读音不同的“Y”，这就是作纯形式上的调整。这种调整就叫作同音规避。

3.同音规避是指导汉语编码的一个强势原则。

下面是同音形式邻接共现的一个实例，这个实例是赵元任先生自己讲的一个“故事”：

> 20世纪50年代，赵元任先生在台湾大学搞语言学讲座，第一讲的题目叫作“语言学跟跟语言学有关系的问题”。消息传出，“当晚就有报馆打电话来问，题目里有没有错字？我说没有。等会儿又来电话问，要是没有错字，那么那两个‘跟’字怎么讲？我说第一个是大‘跟’字，是全题两部分的总连词；第二个是小‘跟’字，是‘跟语言学有关系’修饰语里头所需的介词。能不能省一个？我说不能，省了就念不通了。可是啊，夜里编辑部换班儿了，他们拿稿一看：咦？怎么两个‘跟’字，又来了电话，问是要两个‘跟’字吗？我说要。您不是懂德文吗？这题目用德文讲也可以说‘die Sprachwissenschaft mit mit der Sprachwissenschaf verwandten Fragen’，不是有两个‘mit’吗？结果第二天登出来居然登对了。可是有些报没打三次电话的，还是登错了。”（赵元任《语言问题·序》）

对此，司富珍（2005）评论说：“其实之所以发生这样的疑问，不是由于问者无知，……因为在很多情况下，相邻的两个发音和字形都相同的词往往会根据经济性原则进行纯音系的合并。所以有时不合并虽然符合语法，却不符合人们的直觉。”

同音规避与经济原则应该没什么关系，笔者以为，John Algeo（1977）的解释似乎更符合事实。John Algeo认为，当读音相同的两个音节相邻出现时，会给说话者造成一种口吃感（stuttering effect），而这种口吃感人们会尽量避免。John Algeo举了“Chicago gorilla”这个例子，两个词的相连处是两个go，为了避免同音邻接造成的口吃感，人们都会少读一个go。John Algeo

更进一步指出，即便在一个词内部出现同音邻接的情况，如“morphophonemics”，两个相同的音节人们只会读出其中的一个，以避免口吃感，这种策略叫重复音略读（haplology）.

话语产出过程中要尽量避免同音邻接共现这种可以造成口吃效应的编码，办法之一是“同音删略”（John Algeo，1977；司富珍，2005）。这方面已经有了很多证据：“给给”相遇要只保留一个“给”，“了$_1$了$_2$”相逢融合为一个“了”，“的$_2$的$_3$”相邻只显示一个“的”（参看：朱德熙，1985：168；赵元任，1979：126—127；司富珍，2005）。助词“得”与动词“得”邻接（说得得）通过删略操作保留一个（说得）（参看：朱德熙，1982：133）。避免同音邻接共现办法之二是：在选码阶段实施同音规避。“语言学跟跟语言学有关系的问题”这个表达式若删除一个“跟”就变成了“语言学跟语言学有关系的问题”，而这个结构是不成立的；若想结构成立而又避免同音邻接带来的语感排斥，只能使用不同音的语码，比如说成“语言学和跟语言学有关系的问题”或者“语言学及跟语言学有关系的问题”。下面要讨论的就是这类同音规避操作如何支持了并存原则同时削弱了择一原则。

“和、跟、与、同”既是介词也是连词，由于介词结构作定语或状语都在中心语之前，加上语法的递归性，便很容易出现“介＋介”邻接和“连＋介”邻接的情况。我们分别举例：

“介＋介”邻接：

（17）你扎根山沟10年，付出了很大的代价，与和你一起毕业的同学比，你失去了许多。

此例中“与、和”都是介词，它们位于不同层次上，但线性上邻接同现。

“连＋介”邻接：

（18）望着年迈的父母和与自己相爱的恋人，我有一种冲动，我要下决心离开他们。

此例里“和”为连词，“与”为介词，邻接同现。

“和、跟、与、同”邻接同现有12种排列形式：和同，同和，和跟，跟和，和与，与和，与同，同与，跟与，与跟，同跟，跟同。这12种同现形式在语料库中均有大量用例，为了节省篇幅每种只举两例。

和同：

（19）他和同他在一起的官兵都阵亡了。

（20）他和同他一道在“北大方正”挑大梁的阳振坤都是顶尖儿的高技术人才。

同和：

（21）这些负担包括遵守劳动纪律、责任心、承担风险、节俭、诚信守诺，以及普遍规则对人类敌视陌生人、愿意同和自己相似的人同甘共苦的本能反应。

（22）她同和自己年龄相差无几的后母一直矛盾很深。

和跟：

（23）如果再进一步，那就可以提出瑶族和跟他相当接近的苗族和畲族有什么关系的问题。

（24）几乎与“文化大革命”开始的同时，在林彪、“四人帮”和跟他们结伙的那个“顾问”别有用心的操纵下，“万寿无疆”一词沉渣泛起，而且其势汹汹，具有历代未有过的声势和规模。

跟和：

（25）她居然能够跟和她迥然不同的绝大多数外国移民姑娘交朋友。

（26）不过，说来难以否定，我的忧郁症，跟和犀吉在一起的快乐相比，现在更加严重而且危险了。

和与：

（27）家仇国恨凝聚成一股强大的道德力量，促使陆文龙毅然和与自己一起生活十六年、宠他爱他的金兀术决裂。

（28）在昨晚的酒会上，京格尔和与自己所作所为如出一辙的李宁把酒言欢。

与和：

（29）来到地头，看见张艺谋正与和他一起浇地的九叔在地头休息。

（30）当摄影机镜头对准他时，他装作没有看见似的，认真地与和他形影不离的鲁道夫·赫斯交谈。

与同：

（31）他们长期以来已逐渐与同他们相近的伊斯兰信仰融合，早已不再独树一帜了。

（32）萧乾在辅仁大学英语系学习时，与同他年龄相仿的美国人安澜合编英文周报《中国简报》。

同与：

（33）在必要时，每个人都同与我们职权范围有关的人去会商。

（34）1996 年 7 月，萨连琴科父亲公司的两位职员来到中国哈尔滨市，同与他们有长期业务关系的几家公司洽谈贸易。

跟与：

（35）后来我有机会遇见他，见到时的感觉跟与他对打时的感觉是不同的。

（36）我在中国打的所有比赛，和在国家队打的所有比赛，都跟与湖人队打比赛的感觉一样——必胜。

与跟：

（37）吉尼芙拉·金与跟他不属于同一个阶层的人一起旅游，有豪富的朋友陪伴。

（38）亚比兰地怎样在以色列人中间开口，吞了他们和他们的家眷，并吞了帐棚与跟他们在一起的一切活物。

同跟：

（39）他从不同跟他过不去的人正面交锋。

（40）何波突然感到自己还真是小看了这个贺雄正，没想到他跟别人说的同跟自己说的竟然完全不同！

跟同：

（41）跟同他一起下乡的书记汇报过这事。

（42）他跟同他签订定货合同的人以前没打过交道。

不妨设想，在“和、跟、与、同”这组介连兼类词里，彻底贯彻择一原则，只保留其中的一个，其余都淘汰，那么上举这 12 种同现形式就只能是“和和”“跟跟”“与与”“同同”中的一种了，就都是同音邻接形式了，而这是这个民族在语感上不能接受的。语料库里“和和”“跟跟”“与与”“同同”

邻接组合的用例为零，就能说明这一点。

理论上说，在这四个介连兼类词里保留两个作介词，则可避免“介+介”型同音邻接，再选一个专作连词，则可避免“连+介”型同音邻接，就是说有三个就够了。或者再进一步，保留一个专作介词，再保留一个作介连兼类词，那么有两个就够了。然而自然语言不是设计出来的，不能人为地规定。即便可以人为规定，数目上仍然不能少于两个，否则根本无法避免同音邻接的情况。

若彻底贯彻择一原则，同音邻接还不限于上面讨论过的“和、跟、与、同”这一组。

若没有“朝、向”两个同义介词并存，(43) 就得表述为 (44) 或 (45)：

(43) 朝向三营侧面迂回的敌人开炮！

(44) 朝朝三营侧面迂回的敌人开炮！

(45) 向向三营侧面迂回的敌人开炮！

若没有“对、对于”两个同义介词并存，(46) 就得表述为 (47)：

(46) 这会被他们解释为德国人对于对英作战并没有胜利的把握。

(47) 这会被他们解释为德国人对对英作战并没有胜利的把握。

正因为有“把、将”两个同义介词并存，(48) (49) 才可以避免“将将”“把把”这样的同音邻接：

(48) 他们把将孩子养大成人作为自己生活的主要目标之一。

(49) 每一代长者都会把将自己的生活原封不动地传喻给下一代看成是自己最神圣的使命。

还应该注意到，同音规避是个很强势的编码原则，这个原则的作用范围并不局限于介词与连词的内部。下面通过语料数据来说明这层意思：

(50) 双方同意在平等互利基础上深化反恐磋商与合作，加强执法合作。

《中美联合声明》中“与合作”字串出现 9 次，“和合作”为 0 次。本来该文本中使用连词倾向于用“和”(“和”85 次，“与”29 次)，可是在与“合作”邻接时都用“与”而不用“和”，就是为了避免与“合”同音邻接。我们在 ccl 语料库中检索到“与同学”143 例，“和同学”384 例，“跟同学”41

例，“及同学”10 例，“同同学”0 例。同音规避原则可以预测“跟根据”这种字段不存在或数量远低于“和根据”，语料库检索结果是前者用例为 0，后者用例为 126。吕叔湘主编的《现代汉语八百词》（第 326 页）讨论数词“二”和“两”的异同时指出：“传统的度量衡单位前‘两’‘二’都可用，以用‘二’为常。重量单位‘两’前只用‘二’。……两斤（二斤）｜二两酒（＊×两两酒）。”数词“两”为什么不能用于量词“两”之前？笔者认为就是因为“两两”同音邻接，必须实施规避操作。量词脱胎于名词，可是没有一个量词与其所修饰的名词是同音的。“一根绳子”行，“一根树根”“一条根”都行，就是“一根根”（“根根”不是量词重叠）不行，因为出现了犯忌的同音邻接。

以上用例无一不说明同音规避原则不仅作用于“介＋介”“介＋连”的现象中，而且作用于一切线性序列上相邻音步里的两个同音形式。

由于同音规避的需要，几个同功能的形式都有机会被使用，这就保证了它们的使用频率；而一定的使用频率又使它们得免于被淘汰出局，于是成就了并存原则而抑制了择一原则。由此我们可以看出，同音规避是一个比择一原则更强势的原则。在一个语法化过程中要优先满足同音规避的需要，在没有同音规避需要的情况下，择一原则才得以贯彻到底。

4.6 “了”族虚词

“了”族虚词包括“$了_0$”“$了_1$”“$了_2$”“$了_{1+2}$”“$了_3$”。

4.6.1 “$了_0$”

“$了_0$”是动词“了（liǎo）”的弱化形式，口语里读 lou，用在动词后头作补语。（马希文，1983；张伯江，2005）

下面用例里出现的“了”是“$了_0$”：

（1）a. 小心别摔了孩子。

b. 多亏没扔了，这还用上了。

c. 把药喝了！

d. 那东西危险，快扔了！

(2) 中的“成，上，到，着（zháo），住，中（zhòng）”这类成分高明凯（1948：383）叫作“结果体（resultative）”[①]：“表示动作或历程之有结果者。”“了$_0$”的性质与它们相同。

(2) a. 看着了。

b. 抓住了。

c. 找到了。

d. 考中了没有？

e. 会没开成。

f. 没打上。

“了$_0$”虽然是结果体，但跟“了$_1$”不一样，“了$_0$”作补语，还能用“不”否定：

(3) a. 别丢了。

b. 丢不了。

(3b) 被“不”直接否定，且此时读“liǎo”，证明马希文把“了$_0$”看作动词“了（liǎo）”的弱化形式是对的，它作粘着补语，已经开始语法化。

在研究“了”时，要警惕这个“了$_0$”，经常有人把它混同于别的“了”。比如 Li 和 Thompson（1981：207—213）关于“了$_1$”用于祈使句的例子，其实都是“了$_0$”，比如“喝了那杯药！”“倒了它！”。“了$_0$”用于句中易与“了$_1$”混，用于句末常被当作“了$_2$”。

4.6.2 “了$_1$”

(4) a. 吃了一个苹果。

b. 打了一场球。

c. 去了趟厕所。

e. 赚了五万。

(4) 中“了”为“了$_1$”。“了$_1$”附着在动词后表示动作或变化的完成或

---

① 高先生的叫法是“结果态”，但括注中英语是 resultayive，按今天的说法应叫结果体。高先生说能当结果体的成分很多，但他只讨论了“着（zháo），住，得，到，中”5 个。

实现。“V了”是汉语动词的完成体/完整体形式。这个“了”紧挨在动词后，为了与语气词“了”相区别，通常叫作“了$_1$”。“了$_1$”通常认为此“了”只有“体（aspect）”意义，没有“时（tense）”意义，它可以用于过去、现在、未来：

（5）a. 昨天买了一本词典。（过去）

b. 吃了三个了。（现在）

c. 明天吃了早饭就走。（将来）

“了$_1$”的重点和难点是什么时候用、什么时候不用。最早对此进行系统研究的是Li和Thompson（1981：185—202），他们指出“了$_1$”总的使用条件：有界事件句（bounded event sentence）。

具有以下四个特征的句子是有界事件句：

Ⅰ. 量化事件（quantified event）。

（6）a. 他睡了三个钟头。

b. 我在那里住了两个月。

c. 已经忍了这么多年，我会再忍下去。

d. 电灯亮了很多。

e. 我把狗打了一顿。

f. 敌人往后撤退了二十里。

g. 他胖了一点儿。

h. 他今天买了很多书。

i. 我罚了他五十块钱。

不难看出，所谓量化事件就是动词后面有动量补语，或宾语中含有表量成分。

Ⅱ. 具体事件（definite or specific event）。

（7）a. 我碰到了林辉。

b. 你毁了你自己。

c. 我想出来了那个字。

d. 他饶了他的敌人了。

e. 他写错了那个字。

宾语代表特定事物意味着句子表述的是具体事件，具体事件是有界事件。

Ⅲ. 动词自身具备有界意义（verbs with inherent bounded meaning）。

比如“死”“忘”等，过程就是一瞬间，不可延续。这种动词都是天然有界的：

（8）a. 他去年死了。

b. 我忘了他的地址。

c. 他睡着了吗？

d. 火灭了。

e. 炸弹炸了。

f. 这个椅子坏了。

这组例子除了（8b），“了”都在句尾，此种位置出现的“了”国内学界通常看作“$了_{1+2}$”。

Ⅳ. 序列事件的首事件（first event in a sequence）。

（9）a. 我吃完了你吃。

b. 我看完了报就睡。

c. 怎么碰了杯子也不喝？

d. 他说得很巧妙，让人听了也不会生气。

e. 我的眼睛有毛病，看多了书，就不舒服。

f. 有了那个日光灯，厨房亮多了。

g. 我泡了茶喝。

h. 他开了门，你就进去。

这一组算不算序列事件不好说，因为多是从属关系，作者自己也说带“了”的部分经常用 after、when、now that 对译。作者接下去讨论了什么情况下不用“$了_1$”，又给出了一些规则。

对汉语学习者来说“$了_1$”很重要，对汉语老师来说“$了_1$”很难教，它的语法意义、使用条件都还没有搞清楚。李大忠（1996）、刘勋宁（1999）两位对外汉语一线教师的研究心得具有重要的参考价值。

李大忠（1996）：

“$了_1$”必须用于具体事件句，不能用于经常性、反复性行为，因而（10）都有问题（李大忠，1996：93）：

（10）a. * 我在上大学的时候，常常参加了篮球比赛。

b. ＊那时，我一有困难，他总是热情地帮助了我。

c. ＊土地改革以前，秋生爱偷了别人的南瓜。

d. ＊我昨天感冒了，老流了鼻涕。

e. ＊我来中国以前，几乎每年冬天都得了感冒。

没有明确起讫点的心理动词与“实现、完成”意义冲突，所以（7）都不成立（李大忠，1996：94）：

（11）a. ＊现在他想念了陆地上的生活。

b. ＊我很早以前就盼望了来中国留学。

c. ＊开始学汉语时，我感觉了汉语语音太难。

d. ＊对这个现象，我抱有了疑问。

e. ＊放假以后我打算了先到云南旅游。

带小句宾语的动词不能带“了$_1$”（李大忠，1996：94）：

（12）a. ＊在我很小的时候，我发现了我很喜欢中国。

b. ＊有一天，我问了他爸爸是怎么死的。

c. ＊我知道了他现在已经不再爱我了。

d. ＊他判断了屋里没有人，就撬开门进去偷东西。

e. ＊我听说了他到上海去了。

f. ＊车夫看见了前边有一个派出所。

我们发现语料库中有违背这条规则的实例，如“侗族人民的诗歌舞蹈、手工业艺术等，都充分表明了他们是具有文化和智慧的民族”。但要承认，此句中的“了$_1$”也是可以删除的。给学生一个保守但保险的规则的话，就是带宾语小句的动词不带“了$_1$”。为什么动词一旦带了宾语小句就排斥“了$_1$”，这是需要继续做工作的地方。

兼语词组的第一个动词一般不能带“了$_1$”（李大忠，1996：95）：

（13）a. ＊这时，仙女们劝了他留下来。

b. ＊他请求了我原谅他。

c. ＊老太婆请了金鱼为他造一座新房子。

d. ＊我二十岁的时候，父母强迫了我跟一个姑娘结婚。

e. ＊去年夏天，公司派了我去南方出差。

我们发现这条规则有例外：

(14) a. *请了几个会修脑电图仪的老师傅检修过了。

b. *她依然是独自生活，请了一个老阿姨照顾。

c. *有一次从远地请了一个名医来，……

d. *过了几天，他派了一个叫王志科的人来，……

规则似可修改为：当兼语由“数＋量＋名”表达时，兼语词组的第一个动词通常带“了$_1$”。①

刘勋宁（1999）：

一个句子里有多个谓语动词节的话，词尾“了”只出现在最后一个谓语动词节上：

(15) a. 系里开了会

b. 系里开会表扬了老王

c. 系里开会表扬老王去了现场

d. 系里开会表扬老王去现场开了会

e. 系里开会表扬老王去现场开会表扬了老李

几个小句合成一个连续谓语句，词尾“了”只用于最后一个小句：

(16) a. 系里开会，我得了一个奖杯。

b. 系里开会，给大家发奖，我得了一个奖杯。

c. 系里开会表扬老王去了现场。

d. 系里开会，表彰今年的模范，给大家发奖，我得了一个奖杯。

……

汉语的一个句子中，也可以同时容纳几件事，这时候也可能有几个“了”。这些“了”字句之间是并列关系：

(17) a. 系里开了会，表彰了今年的模范，给大家发了奖，我得了一个奖杯。

b. 我今天写了信，填了报表，去了菜市场，回来还看了一会儿书。

刘勋宁（1999）把（17）叫“数落句”，这种句子不分轻重地摆出几件事

① 赵元任（1979：127）：“动词表示过去动作而宾语有数量修饰语的时候，完成态后缀‘了’是必不可少的。”兼语与其前面的动词有述宾关系，故适用于此规则。

来，叫“报账句”也许更好。

4.6.3　“了$_2$”

“了$_2$”是语气词，用在句末，其实例如（18）：

（18）a. 他去上海了。

b. 我吃饱了。

c. 那本书我读完了。

d. 已经办过手续了。

“了$_2$”的语法意义，朱德熙（1982：209）：“表示新情况的出现。”吕叔湘（1984：314）：“主要肯定事态出现了变化或即将出现变化，有成句作用。”两种说法有联系，变化了意味着新情况出现了。什么叫新情况？刘勋宁（2002）认为，是不是新情况取决于认知，不一定是发生在眼前的情况，新情况“就是一件对方不知道，或者说与对方已知不同的事实（一个新信息）。”这样“我们祖上阔多了”“周口店猿人在五十万年前就知道用火了”都属于新情况。Li 和 Thompson（1981）认为，“了$_2$”表示与当前相关的状态（第 240 页），用在对话中（第 290 页），可谓抓住了实质。王光全、柳英绿（2006）把“了$_1$”“了$_2$”放在同命题句子里加以对比，所在句子分别叫“了$_1$ 句”“了$_2$ 句”——化虚词研究为句式研究——结论与 Li 和 Thompson（1981）相呼应。

（19）

“了$_1$”句	“了$_2$”句
那时候她已经作了母亲。	那时候她已经作母亲了。
她们双双去了伦敦。	她们双双去伦敦了。
不知道她等了多久。	不知道她等多久了。
到他这辈子已经传了三代。	到他这辈子已经传三代了。

为了论证“了$_1$ 句”“了$_2$ 句”的区别，作者提出了“叙事范畴”“报事范畴”“论事范畴”[①] 三个范畴。

叙事范畴：从语用角度划分出来的句子类别，是陈述句的一个次范畴，这种句子用来追述往事，所述内容不具有现场性，属于背景信息。例如：

① “论事范畴”与这里的内容关系不大，故不作展开介绍。

(20) a. 李贵杀了人，逃到这里一住就是十年，昨天被警察带走就是因为这事。

b. 二楼着了火，大家乱作一团，谁也没注意到他啥时候离开的。

报事范畴：从语用角度划分出来的句子类别，是陈述句的一个次范畴，这种句子用来报告一个信息。典型的报事范畴具有如下要件：

①在报告那一时刻，存在着报告者、报告对象和报告内容三个因素。报告对象要明确，但不一定要具体，边跑边喊是要报告给周围的人知道，不具体但明确。

②报告内容与“现在”（说话的时刻）相联系，属于前景信息。

③报告者希望被报告的信息能被充分注意，该信息或者能解除一个悬念，或者能引起一个有针对的行动。例如：

(21) a. 李贵杀人了！

b. 二楼着火了！

“$了_1$句”和“$了_2$句”表达的命题相同，语用功能不同：前者用来追述一件事①，叫叙事句；后者用来报告一件事，叫报事句。作者给出的下列情形可帮助进一步理解这层意思：

当有人在公共汽车上踩了你的脚而他却没有察觉时，你想告诉他，如果让你选，你会选“$了_2$句”（你踩我脚了），而不是“$了_1$句”（你踩了我的脚）。同样道理，一个小学生向老师告同伴的状，他会说“老师，他打我了”（“$了_2$句”），而不是“老师，他打了我”（“$了_1$句”）。下列“$了_2$句”都有与之平行的“$了_1$句”，但都不能改为“$了_1$句”，就因为它们都是报事句：

(22) a. 哎呀，凌局长，他吐血了！

*哎呀，凌局长，他吐了血！

① “追述”意味着事情发生在过去，这样的话，便可以用“明天吃了早饭就/再走”“你吃了我吃”加以质疑。学界否认“$了_1$”表过去时多半基于此类用例。但忽略了一件事：这类句子的“$了_1$”部分从属于“$了_2$”部分，通常表时间或条件；从来没有人举出过一个简单句里“$了_1$”用于将来的情况，至于“别让他毁了你的前程”，此“了”是“$了_0$”。在我们看来，“……$了_1$……就/再……”一类结构应看作图式型构式，虚词研究应排除来自图式型构式数据的干扰。意思是研究 that 的功能不把强调句“It is... that...”中的 that 考虑在内。这样，说“$了_1$”表示过去时就完全符合事实了。

b. 主席，我戒烟了！

*主席，我戒了烟！

“了$_2$句”用来报事，这一结论是对 Li 和 Thompson（1981）“当前相关性（currently relevant state）”的具体化。

当一个学汉语的外国学生在“了$_1$”“了$_2$”之间举棋不定时，叙事、报事的区分至少可以给他一些指引。

4.6.4 “了$_{1+2}$”

当“了”既附在动词之后又处于句末时，有时它兼有动态助词和语气词两种作用，是二者的融合体：了＝了$_1$＋了$_2$。朱德熙（1982：210）：他笑了＝他笑了$_1$了$_2$。

“他笑了”的结构应分析为：（他走了$_1$）了$_2$。

融合并非假设或想象。普通话中有两个“给”：

动词“给”：给他一本书。（给 v）

介词“给”：借给他一笔钱。（给 p）

“给 p”出现在“给予”类动词后引进接受者论元：

（23）a. 卖给他一匹马。

b. 递给他一本书。

c. 寄给他一个邮包。

d. 送给他一个房子。

e. 赠给他一面锦旗。

f. 奖给他一笔钱。

g. 扔给他一把刀。

h. 输给他一百元。

（23）可抽象为一个句式：V＋给＋NP_1＋NP_2。当动词“给 v”进入“V”的位置时就形成了“给给”句：“我给给他一本书。”理论上这个句子应该存在，可是普通话里没有，只有单给句：“我给他一本书。”朱德熙（1979）把“我给他一本书”看成是“我给给他一本书”的紧缩形式——两个“给”融合为一个了。普通话里没有“给给”句，但西北方言里有。张贤亮《绿化树》：

姐儿早上去看郎，

三尺红绫包冰糖。

给给小郎郎不用，

转过身儿好凄惶。

当然，当“了”既附在动词之后又处于句末时也未必都是“了$_{1+2}$”，这要看动作是否已经完成。“他要走了”里面的“了”就是单纯的“了$_2$”。

4.6.5 “了$_3$”

“了$_3$”是句末语气词，表促请语气。

（24）a. 买了，买了！（赌场）

b. 上车了！上车了！

c. 走了！走了！

d. 开饭了！开饭了！

e. 上课了！上课了！

f. 好了，好了，别吵了！

通常把（24）中的“了”解释为“了$_2$”的一种用法，比如刘勋宁（2002）就解释为“时挪用”，其情形类似于英语的“I am going to do something”。“这种句型都是要说明即将进行的一个行动，这相当于让进行体提前挪用。正是这种挪用，才表示了动作的随即发生。”刘先生认为“了$_2$”表过去时，（24）中的“了”是过去时提前挪用。可是，把过去时挪用到将来时中间跨越一个时区，这也太心急了。当然，刘先生不承认有现在时：

> 需要指出的是，我们现在习惯于把时间分为三段：现在、过去、将来。实际上，至少汉语的“现在”只是一个切点，而不是一个“段”。所以一个事件，不是在发话之前发生，就是将要发生，没法刚好骑在“现在”这个点上。（刘勋宁，2002）。

不难看出，这种分析是物理视角的，而不是语言视角的。从物理视角看，人真的不能两次踏进同一条河流，但在老百姓看来，祖孙几代都可以在同一条河流附近以捕鱼为生，人们可以无数次地踏进同一条河流，只要那条河流还存在。语言可以用来讲述科学原理，更可以用来描述日常生活。按照刘先生的说法，“我现在就还你钱”这句承诺是无法兑现的，因为“现在”只是一个点，即说话的那一刻，这一刻以后已经属于将来，即便话音刚落就掏钱，还钱也已经在未来了。问题是，汉语使用者是这样理解的吗？“现在好好学习，将来成为一个有用的人”，说这话时“好好学习”就指望在那一个点上实施？

如果“现在”可以是一个时段，“时挪用”为什么要跨越一个时区？这也是需要解释的。

鉴于（24）中的“了”与其他“了”联系过于薄弱，我们将其独立出来，叫作促请语气词。

第五章

结构的核心

词组，又叫短语（phrase），是大于词而不带语调的单位，分为固定短语和自由短语。固定短语归词库，相当于词，自由短语是按组合规则在线生成的。本章讨论的是后者。

认识词组有两个角度：一是着眼于组合成分的内部结构关系，观察到的是词组的各种结构类型（主谓词组、偏正词组等等）；二是考察词组的整体功能，考察的结果将得到词组的各种功能类型（名词性词组、动词性词组等等）。这方面的知识任何一本《现代汉语》教材都有大同小异的细致描述，我们选择略过。下面讨论结构主义对短语的分类。

1. 向心结构和离心结。

这是布龙菲尔德（Leonard Bloomfield）在《语言论》中提出的两种短语类型。

向心结构（endocentric construction）：至少有一个直接成分（immediate constituent）与整个结构功能相同的结构叫向心结构。其中，与整个结构功能相同的直接成分叫作这个结构的心（head）。大苹果（“苹果”是心），立刻走（“走”是心），特别漂亮（“漂亮”是心），工人、农民、知识分子（多心向心结构）。

离心结构（exocentric construction）：没有一个直接成分（immediate constituent）与整个结构功能相同的结构叫离心结构。传统上把主谓词组、“的”字结构和介宾词组都看成离心结构。

布龙菲尔德向心结构、离心结构的划分标准在欧美语言学界叫作等同分布（distributional equivalent）标准。这个思想在中外学界传播的时候都遇到了一些困难，这些困难被概括为“布龙菲尔德难题”。

2. 布龙菲尔德难题。

Ⅰ.“木头房子”有几个心？

Ⅱ.（1）里边哪个成分是心？

（1）a. 这本书的出版

b. 小而黑的漂亮

c. 老张的辞职

Ⅲ.“the boys”是向心结构，“the boy”是离心结构？[①]

① 国外没听说有“布龙菲尔德难题”这个说法，国内说到“布龙菲尔德难题”只包括前两项，第三项为笔者所加。

“木头房子”是两个名词的组合，拆开来测试，两个名词有大致相同的分布：

(2) a. 买木头房子。

b. 买房子。

c. 买木头。

难道偏亦心、正亦心，偏正结构有两个心？可是明摆着二者地位不相等，总让人觉得哪不对。

(1) 可描写为“X 的 Y”。说 Y 是心，可是又不承认“出版、漂亮、辞职”已经名物化[①]，没有名物化那就还是谓词，结果“心”与整个结构功能不一致，有悖常理。说 X 是“心”，偏正结构不以中心语为心，反以修饰语为心，世间罕有。

与此同时，等同分布标准在欧美也遇到了困难，the boys 是向心结构，boys 是心，因为 boys 的分布与 the boys 大致相同，the boy、a boy 是离心结构，因为 boy 作为可数的光杆名词与 the boy 的分布完全不同，the 和 a 与 the boy 的分布也不同。把 the boys 看作向心结构，而把 the boy 和 a boy 看作离心结构，绝大多数人接受不了。(参看：Lyons，1977：392；Zwicky，1985；Hudson，1987)

不过，他们很快借助 percolation（渗透）这个概念走出了困境。一个向心结构含有一个核心，且该核心与整个结构的功能（分布）大致相同。于是允许这样提问：整个结构的功能为什么会与其核心功能相同？回答是，核心把自身的特性向上（想象一个树形图）渗透给整个结构了，所以这个结构也就具有了与核心一致的功能。这就是渗透的思想，这个思想顺理成章地导致了决定论：XY 组合中，决定 XY 语法特性的那个成分是核心成分，剩下的是从属成分。boy、handsome boy 都不能作主宾语，而 the boy、a handsome boy 能作主宾语，这都要归功于 the 和 a，是它们决定了其所在结构具有自由作句法成分的特性，所以 the 和 a 是结构的 head（核心），这样 the boys、the boy、a boy 就顺理成章地成为一类了；同样道理，“P＋NP”（介宾短语）中 P 是核心，“NP＋VP”（主谓短语）中 VP 是核心。这个思想很快扩展到把

① 朱德熙（1961）用 Y 位置的谓词前边可以加副词来维护没有名物化或名词化的观点。其实，“X 的____”本身就是能够将“的”后词语名词化的格式，当然不排除带副词的短语。

books 中的-s 看作核心，把 worked 中的-ed 看作核心。功能短语（functional phrase）这个术语应运而生。决定论进而延伸至构词领域，把 happiness 中的-ness 看作核心，于是语言中再没有离心结构，统统是向心结构。同时，对核心的作用也有了新的认识，在生成语法中看作管辖成分，管辖成分在结构组织中起着巨大作用。这是欧美语言学界在 1990 年以前走完的历程，与此同时，我们也曾有一个走出困境的契机。

陆丙甫（1986）把布龙菲尔德的等同性标准修改为规定性标准：

> 如果结构体 AB 的功能取决于（不再是等同于）A 或 B，则 A 或 B 是核心。

作者解释道：

> 这条标准首先可以把“木头的”和“吃的”统一起来，决定它们功能的是其中的“的”，即朱德熙先生所说的“的$_3$”（朱德熙，1980）。这个“的$_3$”可看作结构核心。在“A 的$_3$”中，A 是个极不稳定的成分，可以是名词性的，也可以是动词性的，包括主谓结构等各式各样的结构，而“的$_3$”则是个稳定的成分，它体现了各种“A 的$_3$”结构的共性，是结构模式、结构意义、结构体功能的主要载负者和规定者。所以“规定性”标准也可以说就是功能类的“稳定性”标准。

按照稳定性标准，介宾短语、“的”字短语、主谓短语都是向心结构，与国外语言学界殊途同归。

这本来是走出困境的一个契机，但当时这个思想没有反响，没有引起重视；这也容易理解，陆先生当年的观点太前卫了，可以说至今国内学界能够接受功能短语的也不多。

陆先生用稳定性标准代替规定性标准，可谓独辟蹊径。Zwicky（1985）讨论了六种鉴定核心的观念，唯独没有稳定性标准，稳定性标准是陆先生独立提出的。还要指出的是，决定论基于渗透理念，而渗透是假设的，稳定性标准是实证的。

陆丙甫（1986）处理“X＋的”是非常成功的，已经有了功能短语的意识。遗憾的是陆先生太看重线性顺序，没有将这个思想延伸到“X＋的＋Y”结构，在处理“他的不去”时把该结构二分为“他的”和“不去”，在确定哪一个是核心时犯了难。直到司富珍（2002）借鉴西方语言学功能短语的思想，把“他的不去”分析为“他不去”与“的”的组合（后者为标句词Complementizer），把问题向前推进了一步。这就使“这本书的出版”得到了合理的解释：“的”是核心，结构的名词性取决于它，与“出版”是什么词性无涉；这同时与人们对“吾之不遇鲁侯”中“之”取消句子独立性的感觉相一致。司富珍（2004）进一步把“的”作为中心语的处理方法延伸至所有带“的”的结构：

（1）NP＋的＋VP（这本书的出版）

（2）NP_1＋的＋NP_2（木头的房子）

（3）NP＋的＋AP（市场经济的繁荣）

（4）NP＋的（学校的）

（5）VP＋的（开车的）

（6）AP＋的（红的）

应该说功能短语思想或者说核心决定论思想给汉语语法学界带来了新的理念，给我们解决汉语短语问题提供了全新的思路；但不容乐观的是，至今能接受这种理念的学者还不多，让这个思想在汉语语法研究中真正起到指导作用尚需较多时日。

第六章

汉语的句式

6.1 存现句

存现句：句首有表示处所的名词性词语，全句表示什么地方存在、出现或消失了什么事物的句子。句子的语义结构为：

处所＋存在/出现/消失＋某人/某物

句法上，句首的处所词语是主语，句尾 NP 通常叫作存现宾语。存现句包括两个下位类别：存在句和隐现句。

6.1.1 存在句

(1) 桌子上有一本书。
北京有个天安门。
门外是一片空地。
门口站着一个人。
大厅两边挂着很多画。
水塘里躺着一头水牛。
最里边是地核，地核外面是地幔，地幔外面是地壳。

存在句可分两类：

6.1.1.1 有定宾语存在句

(2) 口腔的后面是咽头。
虹膜的后面是水晶体。
膈的前面是胸腔，后面是腹腔。
两个屋，北边是卧室，南边是书房。
包公左边站着张龙，右边站着赵虎。
中间是她婆婆，左边是她丈夫，右边是她小姑子。

此类存在句要点：

Ⅰ. 有定宾语存在句描述已知事物的结构位置关系。

Ⅱ. 宾语有定。“包公左边站着张龙，右边站着赵虎”，“张龙、赵虎”是专有名词，都是有定的。“口腔的后面是咽头”，人们不会追问是谁的或哪个“咽头”，就是人人都有的“咽头”。这里的“咽头”是通指的，通指也是定指：“通指成分代表语境中一个确定的类。从这个角度看，它与定指成分有相同之处。”[①]

Ⅲ. 动词用“是”或“V着”形式，不用“有”：

(3) *口腔的后面有咽头。

*虹膜的后面有水晶体。

*膈的前面有胸腔，后面有腹腔。

*包公左边有张龙，右边有赵虎。

6.1.1.2 无定宾语存在句

(4) 桌子上有一本书，书里夹着100元钱。

门外是一片空地，空地上有一棵大树，树上有一个鸟窝。

大厅里摆着一张桌子，桌子上边放着一个茶壶。

此类存在句要点：

Ⅰ. 宾语引出新信息；

Ⅱ. 宾语为无定形式，排斥有定形式[②]；

Ⅲ. 动词用“V着”“有”或“是”。

存在句教学中学生经常犯的错误有四个：

a. V后无“着”：

(5) *床上躺一个人。

*门口站一个学生。

*家里来一个客人。

“V着”表以某种状态存在，而V只表动作不表存在，这一点一定要向学生讲清楚。

b. 有定无定不分：

(6) *屋里有他。

---

① 陈平（1987）.

② 疑问形式和否定形式不排斥有定宾语，例如“你自己看吧，这里有你要找的那个人吗?”“我们这儿没那个人”。

＊教室里有你说的那个学生。[①]

c.“有”“是”不分：

（7）＊门外面是一个学生。

＊马路旁边是一个要饭的。

＊中指的右边有无名指。

d. 主语前面用介词：

（8）＊在桌子上有一本书。＊在教室里有一些学生。

6.1.2　隐现句

（9）树林里跳出来一只老虎。

班里走了十几个同学。

路上过去一个妇女。

远处出现了一大片房子。

监狱里跑了两个犯人。

隔壁走了一帮客人。

隐现句特点：

Ⅰ. 动词要带助词“了”或趋向补语；

Ⅱ. 隐现宾语为无定形式。

6.2　“把”字句

“把”字句以“把、将”为标志，王力先生叫作“处置式”。

（1）你把书拿过来。

你把门关上。

---

① 疑问或否定时成立。

将问题汇报上去。

将佐料搅拌在菜里。

“把”字句的特点：

Ⅰ. 动词必须有处置意义。句中主要动词所表示的动作对“把”的宾语所代表的事物要能够施加影响，这影响往往导致宾语所代表的事物发生某种变化或处于某种状态。“我把饭吃了”行，而“我把蓝天看了”不行，就是因为“看”难以影响到“蓝天”。“我把她看了”不行，“我把她看毛了”行，“毛了”表明“她”受到了影响。由于同样的理由，下边的句子都不能转换成“把”字句：

（2）他当班长了。他姓赵。我见过他两次。

我知道那件事。我回了两次家。

他去上海了。他有钱了。

Ⅱ.“把”的宾语必须是有定的。

（3）把那本书拿来。　　　＊把一本书拿来。

把那两本书拿来。　　　＊把两本书拿来。

Ⅲ. “把”的宾语要尽量靠近动词，不可以让否定副词、助动词把它们隔开。

（4）＊把英语不学好怎么能行呢？——不把英语学好怎么能行呢？

＊把钱别弄丢了。——别把钱弄丢了。

＊把英语应该学好。——应该把英语学好。

Ⅳ.“把”字句谓语必须是复杂形式（动词带补语、状语、动态助词或采取重叠形式，不能是光杆动词）。

（5）＊把字写/把字写好。

＊把门关/把门关上。

＊把宿舍打扫/把宿舍打扫干净/把宿舍打扫打扫。

＊把雨伞带/把雨伞带着/把雨伞带在身边。

“把”字句的语法意义：

王力《中国现代语法》（1943）提出“处置”说，开创了我国“把”字句语义研究的先河。“处置”说受到过很多质疑，但学界还没有找到一种更好的概括。“处置”可宽泛理解为动作使“把”字宾语受到影响，包括位移、毁损、状态改变等等。

6.3 “被”字句

“被”字句：以介词“被、叫、让、给”为标记表被动意义的句子。

(1) 敌人被我们消灭了。你被他欺骗了。他被打了。
他让人家撵走了。钱叫他弄丢了。
钱都给小偷偷走了。

“被”字句的特点：

Ⅰ. 动词必须是表示动作意义的及物动词，动词要能够对受事主语施加影响。

(2) 他砍了那棵树。/那棵树被他砍了。
他看了那棵树。/＊那棵树被他看了。
我们有钱了。/＊钱被我们有了。

Ⅱ. 主语必须是有定的。

(3) 那本书被他撕了。/ ＊两本书被他撕了。

Ⅲ. 动词不能是光杆动词。

(4) ＊自行车被他骑/自行车被他骑走了。/自行车被他骑坏了。

Ⅳ. “被”的宾语要尽量靠近动词，否定副词、时间副词、助动词要放在“被”字前边。

(5) ＊他被困难没有吓到。/他没有被困难吓到。
＊这件事被人已经传出去了。/这件事已经被人传出去了。

“被”字句语法意义：表被动。

6.4 “V不C”结构

“V不C”中的C代表补语，“V不C”结构指（1）中的画线部分：

（1）a. 考不上大学我就去当兵。

b. 挣不到钱我就不回来见你。

c. 他已经病得下不了床了。

d. 我想吃却吃不下。

e. 河太宽，水太深，我过不去。

6.4.1 对已有研究的检讨

“V不C”结构的语法意义到底是什么，这是个老话题了。在这个项目上语法学界已经做了很多工作，最有影响的看法是刘月华（1980）的“非不愿也，实不能也”。张旺熹（1999：136）把它简化为“愿而不能”，并作了进一步的解释：“这一结构的核心意义有两点：一是‘愿’，即整个结构表达人们主观上企望执行某种动作行为以实现某种结果的意义——企望性；二是‘不能’，即整个结构表达由于客观原因而使结果不能实现的意义——可能性。”为便于指称，以下将这种观点称为“愿而不能”说。此说影响极大，已经进入各种汉语教材以及各种实用语法之类的专著。细考“愿而不能”说，它有三个关键词，分别是：愿，不能，结构的核心意义。下面对这三点分别检讨。

6.4.1.1 关于“愿”及其核心意义地位

刘月华、张旺熹皆强调“愿”，可是围绕这个“愿”字有两点需要搞清楚。一是“所愿何事”，两位都没有明说，但从举例中可以看得出所愿即“VC（O）”的所指，张旺熹（1999：146—147）说C有“目标性”，应该说隐含了这层意思。在“我听不懂英语”里隐含的所愿即“听懂英语”。二是“持愿者谁”，即“愿”的主体（有此愿者）是谁。论者也没有明确说明，但从举例中可以看出“V”的施事似乎是个现成的答案，即“我倒是希望他考不上”里的小句主语“他”而不是大句主语“我”（“他”的“愿”是“考上”）。“愿而不能”说解释（1）没有问题，验之以（2）（3）（4）就不行了。

（2）a. 一见到漂亮妞，你就迈不动步了。

b. 昧着良心做假证，我办不到。

c. 我觉得钱宇平再也输不起了。

d. 以前欠的还没还人家呢，再借，我张不开嘴。

e. 打那么小的孩子，我下不去手。

不难看出，（2）里边“V不C”的语法意义与（1）刚好相反：非不能也，实不愿也。以（2d）为例，“我”非不能“张开嘴”，实不愿这么做。

（3）a. 这么点儿事，他弄不错。

b. 那个包放在那掉不下来，你不用担心。

c. 年轻人干点活儿累不坏。

d. 这点困难吓不倒我们共产党人。

e. 我看这雨下不起来。

f. 钱放在里边的兜里丢不了，你就放心吧。

我们以（3a）为例来分析这组“V不C”用例。“弄错”不是任何人的愿望，“他”也不是持愿者。（1）表“愿”，（2）表“不愿”，还都与“愿”有点关系，而（3）只是一种可能性的判断，与“愿”或“不愿”都扯不上关系。

（4）a. 荷兰猪长不大。

b. 东北夏季气温达不到那么高。

c. 一个房间睡不下十个人。

d. 这对恋人已经分不开了。

e. 人三天不吃饿不死。

（4）只是用否定方式陈述一种属性，跟“愿”也不沾边，因而语境内外都找不到持愿者。上举（1）（2）（3）（4）是从表意角度划分出来的“V不C”的四个类别，这四类中只有（1）中能找到“愿”，其余三类里都没有这个“愿”。综观“V不C”用例，有“愿”的，从数量比上看，占67%（张旺熹，1999：140）；从类别比例上看，占四分之一。无论从数量比还是从类别比上看，“愿”都不是“V不C”结构的稳定的普遍语义。因而，“愿”不是“结构的核心意义”，结构的核心意义是派生其他意义的基础，它应该是稳定的、普遍的。再来看张旺熹（1999：148）的一个用例：

(5) 这究竟是沙漠绿洲，还是海市蜃楼？去，看看究竟，可是怎么也迈不开腿了……

这里确有人持有“迈开腿”的企望，可是同一个“迈不开腿”也可以用在（6）里：

(6) 一见到漂亮妞，你就迈不开腿了。

这里“你”完全没有“迈开腿”的愿望，反而是有不想迈开腿的打算。(5) 和（6）的对比揭示了一个事实：同一个“V 不 C”实体，可用于企望意义，也可以用于没有企望意义的句子，结论很明显：企望义不是“V 不 C”本身固有的语义；所谓“企望义”或“愿”是语境意义，不是“V 不 C”自身的语法意义。刘慧（2006）已经注意到“V 不 C”与企望义无关，我们的考察支持她的看法，但她认为“V 不 C”结构中的“VC”不得实现，是客观因素决定的，这解释不了（2）这一类。

6.4.1.2 关于“不能”

刘月华（1980）指出，首先，能愿动词“能”的意义有很多，刘文列举了四个义项，相应地可以推出“不能”也必有四个意义，那么“愿而不能”里的“不能”就是有歧义的，搞不清楚到底表示哪种意义上的“不能”。其次，这样的表述对于区分能性结构里的另一个形式“不能 V”很不方便。因为“不能 V”也表示“不能”，若“V 不 C”表示的“不能”有别于“不能 V”表示的“不能”(事实正是如此，参见：刘月华，1980)，就造成两种不同的意义使用了同一种表述，因而是不清楚的表述。

“愿”毫无疑问属于主观范畴。关于“不能”，学界已有的认识是：“由于某种客观原因而使目标不能实现”(张旺熹，1999：150)，“‘动词＋不＋可能补语’表示客观条件不允许”（杨德峰，2009：138)。可见，“不能”牵涉的是客观范畴。以往的研究差不多都是从这种“主观—客观”视角切入的，我们准备换个思路：从“体—用”视角切入来探讨“V 不 C”结构的语法意义。

6.4.2 从“V 不 C”结构的语用意义逆推结构的语法意义

结构的语用意义是指这种结构在交际中能用来干什么，能用来达成什么交际目的。语用意义是由语法意义派生出来的。借用中国传统哲学的两个术语来说，语法意义是“体”，而语用意义则是这个“体”在某个特定向度上的“用”，“用”必蕴含“体”。用西方哲学的表述习惯来说，语法意义是一般的，而语用意义是特殊的，特殊的蕴含一般的，因而可以从特殊推出一般。语法意义埋藏得比较深，而语用意义比较容易观察到，我们采取由易到难的路线来追索“V 不 C”结构的语法意义——先根据语料归纳“V 不 C”结构的语用意义，然后从语用意义里离析出语法意义。语料显示，“V 不 C”结构的语用意义表现在如下几个方面：

A. 表遗憾或无奈。

(7) a. 抢救得太晚了，左腿恐怕保不住了。

b. 这病，能治当然好，治不好也只能认命了。

c. 要是娶不到这个姑娘，那就是我没那个福分。

d. 考不上北大，南开也不错嘛。

(7) 里的用例个个都透着“VC 不成”的遗憾和无奈，这是典型的“愿而不能”实例，“愿而不能”表达的正是一种遗憾或者无奈。

B. 表安慰。“V 不 C”结构可以用来安慰人：

(8) a. 钱我放在里边的兜儿里了，丢不了。

b. 那么大的孩子，走不丢，一定是在哪儿玩儿呢。

c. 天塌不下来。

d. 老虎在笼子里，咬不着你。

e. 让他告吧，他没证据，告不倒咱。

(8) 里各例“V 不 C”结构都蕴含着“放心吧”“不必担心”这样的意思，意在使交际对象得到一种安慰。

C. 表属性。“V 不 C”结构可以用来告诉人一种事物有什么特点：

(9) a. 这种菜煮不烂。

b. 共产党人的脊梁压不弯。

c. 这种药，闻不着味儿，杀蚊效果却很好。

d. 它的卷毛儿是天生的，拉不直的。

e. 父母都是 O 型血，生不出 A 型血后代。

D. 表拒绝。

(10) a. 我写不好，您还是找别人吧。

b. 恩将仇报哇？我做不到。

c. 我跟他说不上话，你另想办法吧。

d. 我是副总啊，灯坏了也让我修？我修不好！

（7）（8）（9）（10）四类表意都很单纯，（7）只表示A意义，（8）只表示B意义，（9）只表示C意义，（10）只表示D意义。然而实际用例不总是这么单纯，常常呈现出不同的语用意义在同一个用例里协同发挥作用的情况：

（11）a. 什么烟，点不着，不抽了。

b. 可是我的手机上不了网啊，怎么办？

（11a）里“点不着”是“烟”的一个特点（体现C意义），这个特点正好与说话者当时的诉求（抽烟）相矛盾，“点不着”导致烟抽不成而成憾事（体现A意义），所以（11 a）里既有C意义，又有A意义，两个意义协同作用表达出当前的意思。（11b）的分析仿此。（11）里的语用意义可表示为“C＋A”。A更显豁，比C更容易观察到，可见语用意义也是分层次的。

（12）a. 不就是蜜蜂蜇了一下吗，要不了命的。

b. 小狗不就一天没吃吗，饿不死。

（12 a）是说“蜜蜂蜇了一下”这件事不具有伤人性命的危险性（体现C意义），同时“不具有伤人性命的危险性”又用来安慰人（体现B意义），（12 a）的语用意义结构为“C＋B”。（12 b）的分析仿此。

不难看出，无论一个用例的语用意义多么复杂，都不外是A、B、C、D四种基本意义的组合，所以在基本层面上只有A、B、C、D四种意义。我们追索“V不C”的语法意义只需抓住这四种意义，从这四种意义中剥离出它们共同含有的意义，那便是“V不C”的语法意义。

透过上述四种语用意义，我们发现它们共同含有的意义是M。

M：“VC（O）”表示的状况不会发生。

M就是“V不C”的语法意义，即我们所说的“体”。现在我们从“体”往“用”上推，如果推得出我们上面讨论过的四种语用意义，就说明M是“V不C”语义扩张的起点，同时说明M是在A、B、C、D四种语用意义中都存在的意义——“V不C”结构的语法意义。我们的论证如下：

“VC（O）”不会发生，这是个脱离特定语境的（或者说在任何语境的

“V 不 C”里都存在的）一般意义，当一定语境中“VC（O）”代表我们希望发生的事时，而它不发生，便成为憾事，从而产生 A 类语用意义。

当一定语境中“VC（O）”代表一件不好的事时，它不发生便可构成对人的一种安慰，这就是 B 类语用意义。

如果一定语境中“VC（O）”代表的既不是谁想要的也不是谁想避免的，即与主观诉求无关的情形，“V 不 C”只是陈述一种性质、特点，这便是 C 类语用意义。

若“VC（O）”是需要借助他人才能达成的诉求，他人使用“V 不 C”则是一种拒绝，这就是 D 意义。

M 与 A、B、C、D 的关系可图示如下：

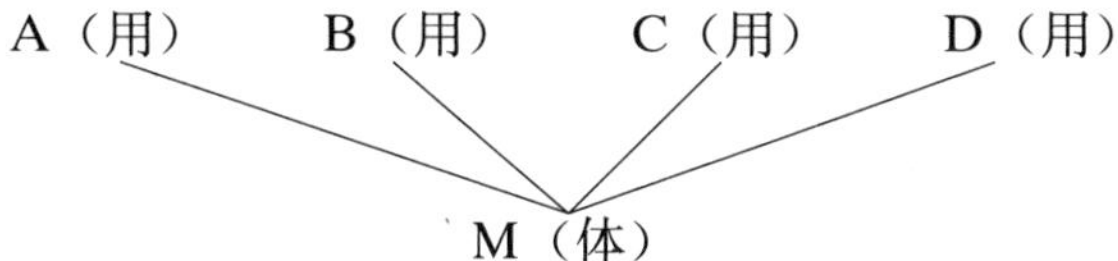

M 是一个能够成为 A、B、C、D 语义扩张出发点的原型句式义，即体意义；同时，以往的“愿而不能”只是“V 不 C”的一种“用”（A 类语用意义），从它不能扩张出 B、C、D 意义，M 才是“V 不 C”的语法意义（“体”）。

刘月华（1980）说“V 不 C”主要用来表达“由于受主、客观条件限制，不能实现某种结果或趋向”，意思是“VC（O）”不发生是由于受到了制约，有的是受到了客观条件的制约，有的是受到了主观条件的制约。有了上文的分析，我们可以把这层意思说得再具体一些：上文分析的 A、B、C、D 四种语用意义中，A、B、C 体现的是客观制约，D 体现的是主观制约。

6.5 “（是）……的”句

“（是）……的”句如（1）所示：

(1) a. 张明是什么时候来的？是昨天来的。

b. 从哪来的？从上海来的。

c. 怎么来的？坐飞机来的。

d. 跟谁一起来的？跟他女朋友一起来的。

(1) 中的问答都是“（是）……的”句，对这种句式，学界主流观点是强调说，可归纳为三点：

A. 句子涉及的事件已经发生，且为交际双方所共知①。

B. “（是）……的”句是强调句，强调对象“是”后边的成分。

C. 动词带宾语时，“的”字有两个可选位置——宾语前和宾语后，如(2) 所示：

(2) a. 你是怎么进的屋？b. 你是怎么进屋的？

强调说影响甚大，为各种教材所采纳；然而此说经不起检讨。王光全(2003) 对强调说提出如下疑问：

A. 强调是加强形式，它存在的前提是有一个基础形式（中性格式或一般格式）。“（是）……的”句没有对应的基础形式，因而不是强调句。意思是说，世上先有“门”这个基础形式，后有“防爆门”等加强形式；如果一种门被认定为防爆门，可是历时、共时都找不到不防爆的门，那么这种认定就是错误的。(1) (2) 都没有其他选择：问，只能这么问；答，只能这么答。“（是）……的”是强制格式，不是强调格式。强调属于语用，语用允许选择，(1) (2) 所示的情形不允许选择，故不属于语用，故无强调。

B. 强调意味着传达重要信息，而寒暄仅仅出于礼貌。寒暄语里不含有重要信息，可是“（是）……的”句经常用于寒暄：

(3) a. 金秀先开口问了周仁一些无关紧要的事情，“什么时候来的”“身体可好”之类。（陈建功、赵大年《皇城根》）

b. “什么时候来的？莲姑娘，没有见铁柱子吗？”松叔叔问。她怎么回答呢？她必须回答，即使扯谎也比愣着强。“他在田里干活呢，我没惊动他。”（老舍《火葬》）

请注意 (3a) 里的“一些无关紧要的事情”，“什么时候来的”作为典型

① 如 (1) 所涉及的事件是“张明来了”，这是谈话双方的共知信息。

“（是）……的”句就包括在“无关紧要的事情”里边。(3b) 里也有“什么时候来的”，而这个问题莲姑娘根本就没回答。两句中的“什么时候来的”都是见面寒暄语，有必要用强调句寒暄吗？

C. 历时语料表明：“（是）……的”句是从“了$_2$句”里分化出来的：

（4）a. 武松道：“嫂嫂，且住。休哭。我哥哥几时死了？”（《水浒传》）

b. 武二道：“我哥哥四月几时死的？”（《金瓶梅》）

《金瓶梅》比《水浒传》晚 200 年，到《金瓶梅》问世时，“了”的部分功能分化出来由“（是）……的”句来承担了。如果说（4a）的“我哥哥几时死了”不是强调句，而（4b）的“我哥哥四月几时死的”是强调句，是不太好接受的。

应该说以上质疑是很难辩驳的。

王光全（2003）在质疑的基础上对（是）……的”句的使用条件作出如下概括：

A. 当某一事件已经发生过并在此基础上谈论（不是“强调”）该事件的细节必须使用“（是）……的”句。

B.“谈论”是指某一语义范畴（时间、处所的）而进行的问答和议论。

C. 被谈论的对象限于动词前成分表达的语义范畴。

抓住了本质，教学就好办了，可以采取下列训练方法：

给出一个假设已经发生的事件，比如“约翰回来了”，然后谈论这个事件的细节——引导学生作下列问答：

问	答
Who told you...？	Mary.
When... return?	Yesterday.
where... return From?	Italy.
Whom with?	Mary.

学生若能正确完成这些问答，“（是）……的”句就拿下了。

6.6 “又X又Y”结构

“又X又Y”中的变项可以是形容词性的，也可以是动词性的，如（1）（2）所示：

（1）又圆又大。又苦又涩。又老又丑。又热情又善良。

又漂亮又聪明。又笨又懒。又矮又胖。

（2）又拉又吐。又哭又闹。又踢又咬。又唱又跳。

又当爹又当妈。又想看又不敢看。

总的来说，“又X又Y”含有一种鲜明的夸张意味，把事情往极端上说。这在当变量为形容词时尤其明显：要么是极力夸赞，要么是拼命贬低。该构式对形容词的准入条件只有一条：两个形容词的褒贬色彩必须一致。比如“又笨又漂亮”“又聪明又懒”都不行。

当变量为动词性成分时比较复杂，但格式的夸张意义仍很鲜明，这从（3）的内部对比中可以看得很清楚：

（3）a. 他也喝酒也吃菜。（低调吃喝）

b. 他一边喝酒一边吃菜。（正常吃喝）

c. 他又喝酒又吃菜。（很卖力地吃喝）

（王光全、禹平，2003）

酒桌上喝酒吃菜再正常不过，可是进入“又X又Y”就变得不那么正常了。

王光全、禹平（2003）把格式描写为“又 VP_1 又 VP_2”，并指出：该格式“总是用来描写一个非正常状态，此格式最适合描写那些失控的、矛盾的、混乱无序的或者不合时宜的动作或状态”。若“VP_1，VP_2”为不当行为（比如“哭，闹”等），所有实例都支持上述概括。“又当爹又当妈”透着紧张忙乱，“又想看又不敢看”表明内心矛盾，矛盾就是不能把控，这些也不构成挑战。比较具有挑战性的是（4）这种实例：

（4）a. 他们又说又笑的。

b. 她又端茶又拿糖果。

作者把“又说又笑”和“有说有笑”作了对比，认为后者是正常行为，前者是失控行为，只适用于不当说笑的语境。

（5）老师在上边讲课你们俩在下边又说又笑的，像什么样子？

“又端茶又拿糖果”体现的是极度热情，这个“极度”的来源正是各式固有的夸张意义。“又端茶又拿糖果”虽说不上失控、混乱，但也有点儿忙乱，算是一个较边缘的实例。

6.7 “一 X 就 Y”结构

“一 X 就 Y”结构如（1）所示：

（1）一看书就头疼。一想到吃饭就恶心。

一回到家就发脾气。一看就会。

一到下午就犯困。一提钱就翻脸。

王弘宇（2001）指出，在一切“一 X 就 Y”实例中都存在着 X 与 Y 的紧随关系，因而“紧随”是“一 X 就 Y”结构的基础意义。据我们考察，语料库数据支持这一结论。

王光全（2005）分析了“紧随”的派生意义，将“紧随”意义具体化为三种：易成性，规律性，单纯紧随。

（2）一学就会。一听就懂。一看就明白。一推就开。一捅就破。

（2）中诸例是“易成性”的实例，王光全（2005）把此种“一 X 就 Y”结构独立出来叫“易成式”，其语法意义为“通过实施行为 X 极易达到 Y 的效果”。独立的理由是其有鲜明独特的语法意义和不能否定的结构特点。

（3）*一学就不会。*一听就不懂。*一看就不明白。

*一推就不开。*一捅就不破。*一撕就不破。

“格式的规律性表现为：每当 X 出现时 Y 便出现，或一旦 X 出现，Y 便会出现”，其例如（4）所示：

(4) 他一回家就说他的果园。

一到下雪天，我们家就喝咸菜汤，不知是什么道理。

一有警报，她就洗头。

我是一见穿制服的就晕。

单纯紧随关系：

(5) 他一拿到那笔钱就奔赌场去了。

他一复员就找个姑娘结婚了。

她一上高中就谈恋爱了。

易成性、规律性、单纯紧随关系的区分对教学更方便。

第七章

汉语的剥离结构

本章提出“剥离结构”的概念，并借助这个概念在构式语法框架下讨论“养病、恢复疲劳、救火”类动宾结构的生成机制，在不为动词设置新的词义、不改变论元性质的情况下，说明为什么这类动宾组合是有理据的——无论结构还是语义都是合理的，以及它们符合什么样的理。

7.1　相关研究的简单回顾

“救火、养病、恢复疲劳”的共同特点是，特别常用但让人觉着别扭。自20世纪50年代开始至今，语法学界同人不断地为这些结构寻找理据。

有的在动词的词义上找出路，比如李行健（1982）、储泽祥、王寅（2009）等。他们以《说文》为依据把“救火”中的“救”解释为“止”，这样“救火”即“止火”，就符合逻辑了。

有的在名词论元身份上找依据，比如袁毓林（2014）等把“救火”的“火”解释为原因论元，原因宾语存在的证据是“跑警报”一类结构的存在。“当说话人要突出采取援助行为的原因或理由，也即受事所处的灾难或危险时，就可以让原因论元作宾语。”这样，“救火”就可以解读为因着火而施救，这样运算结果和已知结果就完全一致了。“救”也能带受事宾语（救人），是什么原则指导人们把“救人”中的“人”解读为“受事”而把“救火”中的“火”解读为原因呢？袁先生说是“人类心理的乐观原则”（pollyanna hypothesis）。

有的学者认为这些结构没有理性基础，因而放弃为它们寻找理据。范继淹（1986：159）：

> “虽然不合逻辑，但是已经约定俗成。”

任鹰（2007）：

> 说到底，语言是一种人文现象，是与人的认知活动联系在一起的。说话人除了会在印入大脑的语法及逻辑规则的驱动下，构建出一些语义关系合乎形式逻辑、可作关系分析的语言结构之外，有时也会按非逻辑的方式和程序构建出一些语义关系超乎常规甚至无语义关系可言的语言结构，常用的“打扫卫生”“恢复疲劳”“救火”

“养病”等就属于这种情况。

以上是对相关研究的简单回顾，由于是简单回顾，只提到了代表性的观点，有的持有与代表性观点相似而略有差异的作品都隐含在“等”里边了。有兴趣的读者可按照“参考文献”的指引阅读董清洁（1982）、陈贤书（1984）、吕冀平、戴昭铭（1985）、叶景烈（1996）、谢质彬（1998）、高洪年（2001）、邢福义（2007）、苏宝荣（2007）、李小军（2009）。

7.2 剥离结构

如果想去掉苹果的皮，我们可以有两种说法：

（1）a. 削苹果。

b. 削（苹果）皮。

a 和 b 两种表达同样自然。这种感觉是有理据的，“苹果”和“皮”都是在“削”的过程中受到强影响的事物，作宾语的资格都是十足的。根据 Dowty（1991）给出的原型受事的五个判定标准，它们具有同样多的原型受事特征，都是受事成分的典型成员①。这使得我们没办法从现有题元类型角度对它们加以区分，然而为了讨论的方便又不能不区分。我们从日常价值认知视角把（1b）的宾语叫去除宾语，把（1a）的宾语叫保留宾语。

英语表达“把某物给某人”可以使用双宾语结构，也可以使用与格结构：

（2）a. John gave Mary a book——双宾语结构

b. John gave a book to Mary——与格结构

英语文献把（2a）和（2b）合称双及物结构（ditransitive construction）。

汉语文献中把下列结构合称“能性述补结构”②：

---

① Dowty（1991）用五个特征来刻画受事成分，拥有特征越多越是典型成员。这五个特征是：（1）undergoes change of state（经历状态变化）；（2）incremental theme（属于渐进性事物）；（3）causally affected by another participant（受到另一个参与者的影响）；（4）stationary relative to movement of another participant（相对于别的参与者来说，它是静止的）；（5）dosen't exist independently of the event（具有附庸性）。

② 参看吴福祥（2002）。

V 得/不 C（吃得饱/吃不饱）

V 得/不得（吃得/吃不得）

V 得/不了（吃得了/吃不了）

仿此，我们把（1a）和（1b）合称“剥离结构”——剥离结构是一个句式群[①]，它由描述同一过程的、同动异宾的两个述宾结构组成。

“去除宾语”“保留宾语”“剥离结构”都是首次提出，学术规范性要求我们给出它们的工作定义（working definition）。

去除宾语：在剥离结构框架内代表被去除之物的宾语成分。它可以是一个客体的外表部分（如“皮”“毛”），也可以是客体外表的附着物（如“灰尘”“汗”）。

保留宾语：在剥离结构框架内代表剥离实施前的客体或附着对象的宾语成分。

剥离结构（peeling construction）：

a. 剥离结构表示剥离意义，剥离的意思是去除客体的外表组织或附着物。

b. 该结构是一个构式群，由同动异宾的两个述宾结构组成；这两个述宾结构一个带保留宾语，一个带去除宾语。

c. 该结构的两个述宾结构描述同一事件的同一过程——言异而事同，因而价值上具有等效性，语义上具有同义性。

剥离结构是理论实体也是经验实体，它的两个述宾结构都有大量的经验数据支持。下面我们举一些来自 ccl 语料库的实例，a 句代表保留宾语构式，b 句代表去除宾语构式：

（3）a. 有的孩子连剥鸡蛋、系鞋带等简单的生活都不能自理。

b. 巧珍一边给他剥鸡蛋皮，一边说……

（4）a. 徐太太又赶过来，给金枝抓瓜子儿、剥香蕉。

b. 像剥香蕉皮似的剥下了你的上衣。

（5）a. 小院中，一位农妇正在剥花生。

b. 教室里响起了剥花生壳的声音。

（6）a. 我褪鸡去了！

① “句式群”参见施春宏（2010a）。

b. 开水褪毛后，用小镊子挨着毛孔将细毛全部摘净。

(7) a. 他开始削土豆，清洗蔬菜做沙拉。

b. 她正在削土豆皮。

(8) a. 战士围着魏天哲，又是倒水，又是剥糖。

b. 周恩来剥糖纸时，手指微微颤抖。

(9) a. 在夏至期间，不许骂脏话，也不要剃头。

b. 缪氏五兄弟决心对抗，誓死不剃发。

(10) a. 千万不要用它来刮脸，除非你想留下满脸“胡楂”。

b. 护士每天为他刮胡子、擦脸、顺痰。

这些用例中的 b 句是去除宾语构式，去除宾语所代表的东西是客体自身原来就有的，如“皮，壳，毛”等，姑称本有型去除宾语，简称本有宾语，其所在述宾结构（b 句），称为本有型剥离构式。下面举出的是另一类去除宾语的实例：

(11) a. 绞了个毛巾把子，让二大擦脸。

b. 思成行动不便，她给思成擦汗，打扇。

(12) a. 他们有的挨车乞讨，有的追着行人擦鞋。

b. 这位女士正用红色的国旗给自己的皮鞋擦灰。

(13) a. 不愿意钟家人看到她流泪，她慌忙用衣袖擦眼睛。

b. 第一幕很成功，所有的人都拿着手绢擦泪。

(14) a. 一曲歌罢，伊便手执扫帚认真地打扫街道。

b. 我们打扫垃圾。

这一类去除宾语如“灰尘、垃圾、汗、泪水”等不是客体本身所有，称为附着型去除宾语，简称附着宾语。

为了便于记忆，我们总结一句：

去除宾语包括两类：本有宾语和附着宾语。

7.3 附着型剥离构式的扩展

带附着宾语的“V＋NP”结构叫附着型剥离构式。接下来我们将重点讨论附着型剥离构式的扩展，并借以解释“养病”“恢复疲劳”“救火”的生成机制。但在进入扩展讨论之前，有必要先明确两点：

1. 构式的语法意义。附着型剥离构式的语法意义需借助“擦灰”“擦汗”“打扫垃圾”这样的原型实例来认识。构式的语法结构是“V＋NP”，NP 代表无用甚至有害的附着物，构式的语法意义是：以 V 的方式将附着物 NP 从其附着对象上剥离开来。

2. 笔者认同并将贯彻构式语法的构式核心观：

(1) 构式有自己的论元结构，构式中论元的数量和性质由构式而不是由动词决定。比如在 she baked him a cake 中 him 作为受益者论元是由双宾语构式决定的，不是由 bake 决定的（Goldberg，1997/2007：8—9）。同样道理，附着型剥离构式“V＋NP”的 NP 作为被剥离的附着物身份是由构式决定的，而不是由 V 决定的。

(2) 构式会对进入构式的动词的意义进行调整使其适应构式的语法意义。还以 she baked him a cake 为例，bake 本没有使什么东西转移的意义，但在这句话中有，这一转移意义是构式赋予 bake 的[①]，这叫构式压制（construction coercion）[②]。

请牢记我们这里强调的两项内容（附着型剥离构式的语法意义和构式核心观），马上就会看到接下来我们对付“养病”“恢复疲劳”“救火”这几个堡垒全靠这两样利器。

上举语料都是剥离结构的原型用例，语言的经济性要求构式必须具有扩展的属性，因此任何一个构式的实例群都有核心成员和边缘成员。

下面的（15b）可能是距离原型实例最近的一个附着型剥离构式的变体：

(15) a. 说明经过，澄清事实，洗刷自己。

b. 他需要阿连特帮助他开辟新的学术天地，为他洗刷罪名。

（15b）里的“罪名”与原型实例（如“灰尘”）已有相当距离，必须隐

---

① 构式可以为动词提供其原来没有的意义，这一点 Langacker（2008/2016：433-435）有非常精彩的说明。

② 施春宏（2014）：“所谓构式压制，指的是这样的现象：在组构成分进入构式的过程中，构式向组构成分提出需要满足的准入条件，如果组构成分的功能、意义及形式跟构式的常规功能、意义及形式不完全吻合，则通过调整其功能和意义结构及形式结构中的某些侧面以满足该准入条件。若两相契合，则构式压制成功；若不能两相契合，则构式压制无效。”

喻地理解为附着物。“洗刷”作为“剥离”手段，不是本来意义的使用，也必须作隐喻理解——构式已从物质世界扩展到精神世界。好在“洗刷”的“剥离”意义还隐约可见，还足以让人把“洗刷罪名”与“擦灰”归为同一类型，所以“洗刷罪名”还算好理解。

7.3.1 关于“养病”

(16) 是附着构式更为复杂的隐喻扩展：

(16) a. 规劝陆小曼改变生活习惯，到北京来养身体。

b. 刘永福晚年在家乡养病。

“养病”在汉代已经开始使用：

(17) 哀帝即位，喜为右将军，傅太后不欲令喜辅政。上于是赐喜以光禄大夫养病。(《汉书·傅喜传》)

“养病”让人看着不顺眼；然而，这个组合能被创造并能顺利地流行开来使用至今，必有其符合逻辑的原因。同时，一个符合逻辑的组合人们却看着不顺眼，也一定有个符合逻辑的原因。这两个悖论式的原因都需要解释。这就是我们接下来要做的工作。

吕叔湘 (1984) 讨论过“恢复疲劳、救火”这类结构，吕先生的看法极具启发性：

> “恢复疲劳”可以解释为把身体和精神从疲劳中恢复过来。这可以和“救灾”“救荒”“救火”比较：不是要把灾、荒、火从什么危险之中救出来，而是要把人从灾荒中救出来，把人和物资从火里救出来。在这些例子里，动词和名词之间的关系不是直来直往，好像拐了个弯儿。上面举的“救”“恢复”和后边的名词之间都含有“脱离”的意思。

吕先生从“恢复疲劳”“救火”等结构中洞察到一个“脱离”的意义，这是极其敏锐的一个观察，抓住了问题的关键。下面我们会紧紧抓住这个“脱离”意义，并将进一步“开发”它。吕先生说的“脱离”我们下文叫作“剥离”，虽略有差异，但都强调一个“离”字。

“擦灰”是一个附着型剥离构式的原型实例，我们借助它来解释“养病”是依据怎样的逻辑生成的。

稍加对比不难发现，“身体有病”与“鞋上有灰”语义上存在着结构性的整齐对应关系，我们可以让这种对应关系显示得更清晰些：

1. 鞋本无灰，灰是后来落上的；灰是令人讨厌的。

2. 身本无病，病是后来染上的；病是令人烦恼的。

3. 人们希望把它们从它们附着的对象上剥离开去：“灰”“病”都是去除的对象。

语义内容决定句法形式（范继淹，1986：157），语义的整齐对应决定它们适合于共同的句法格式——附着型剥离构式：

如何能让灰尘离去？擦，所以有“擦灰”组合。

如何能让疾病离体？养，所以有“养病”之说。

可见，“养病”与“擦灰”无论语义还是结构都是完全对应的。如果“擦灰”是符合逻辑的，“养病”就是符合逻辑的，它们符合同样的逻辑——它们是附着型剥离构式的两个实例。根据上文强调过的构式核心观，“病”的附着物身份和被去除的命运是构式决定的。本来没有剥离意义的“养”在“养病”中有了“剥离”意义，这个剥离意义是构式赋予的①，构式的语法意义规定“养病”不能与“养花”用同样的方式解读，因为二者不属于同一类构式。这种理据的充分性就是“养病、养伤”一类结构能被创造出来并能持久流行的根本原因。

指出“根本原因”意味着还有其他原因。

历时语料显示，“治病”比“养病”产生还早：

（18）故良医之治病也，攻之于腠理。（《韩非子·喻老》）

把“养病”与“治病”比较一下就会发现前者的独特价值。“治病”需施行一定的医疗手段（打针、吃药、手术等），“养病”则不同，养病不需医生动手，自行调养就可恢复健康；这是“治病”涵盖不了的。需要医生出手的病人，治疗结束后，并不意味着已经恢复健康，还要养一段时间，这期间叫“养病”而非“治病”。这一层意思也是“治病”不能涵盖的。那为什么不能说“养身”呢？“养身”能说：

（19）不善<u>养身</u>，为诸神所咎。（东汉《太平经·录身正神法》）

---

① 就如同双宾构式 she baked him a cake 赋予 bake 以转移意义一样。

“养身”一直都是养生的意思，与“养病”不同，所以“养病”在相关语义场中具有不可替代性，有其独特价值。这是其不被待见却能顽强活到今天的另一个原因。

“养病”与“擦灰”语义完全对应，按共同的机制生成，为什么人们看着“擦灰”顺眼而觉着“养病”别扭呢？原因是“擦灰”是分析性结构，其结构、语义都是透明的，因而成分意义经过运算得出的意义就是整个结构的意义。“养病”是综合性的，是不透明的；不透明的本质是运算关系不清晰。当人们把“养”和“病”的意义代入构式时，不是按照生成它的“擦灰”模式，而是按照“养花”的运算关系进行运算，得出的当然是与构式意义恰好相反的意义——人们原本清楚的意义与运算得出来的意义直接矛盾，这正是人们觉得它别扭的原因。

这个原因是较容易观察到的，更深层的问题是：同一个构式的两个实例为什么一个透明、一个不透明？这个问题的核心是“养病”的透明度下降是什么导致的。我们可以援引构式语法的一般理论来回答：构式属于原型范畴，越是边缘成员透明度越低。与“擦灰”这种核心成员相比，“养病”属于附着型剥离构式的边缘成员，所以透明度低。这样说话有点像作官样文章，问题虽回答了，个中道理仍不显豁，我们还是作点儿具体分析。

“V＋NP”作为附着型剥离构式，NP的附着物特征越鲜明，V的剥离功能越强，与构式的吻合度越高，从而分析性越强。不幸的是，在“养病”这个实例中，它这两项都很弱。“病”远比“灰”抽象，附着物特征非常弱，我们只能隐喻地将其理解为人体的一种不祥附着物。这层隐喻使结构的透明度大幅下降，极大地增加了运算的难度。同时，“养”也不像“刮、削、剃、擦、洗”那样有鲜明的剥离意义，认知上（或语义上）“养”的对象是“身”，通过“养身”达到“去病”的效果，“养身”“去病”两个过程完全重合，且“养身”在明、“去病”处暗。这使得“养”的剥离功能具有间接性，用前引吕先生的话说就是“拐了个弯儿”，剥离意义极为隐晦。“病”作为附着物的不典型性和“养”的剥离意义的隐晦性似两团迷雾弥漫在“擦灰”与“养病”之间，遮蔽了二者之间的“血缘”联系，使人们难以看清二者语义、句法上的同构关系，难以认定二者属于同一家族的事实，从而不能像运算“擦灰”那样来运算“养病”。由于“养”与“病”之间的运算关系极为晦暗，“养病”

就沦落为附着型剥离构式的极为边缘成员。笔者认为，正是这些因素让人们觉得“养病”不如“擦灰”看着那么顺眼。

一个延伸的问题是：非说“养病”吗？这层意思就不能有个透明的编码吗？咱们来试试，有人说“病”是“养”的原因，养的实际是身体，我们按照这个思路制作一个透明结构（20b）：

（20）a. 他在家养病呢。

b. 他因为有病在家养身体呢。

（20b）是一个透明结构，可是我们觉得它没有（20a）好，这不是频率使然（因为我们还可以追问：a 句为什么频率高?），而是因为两个句子的编码指导思想截然不同：（20a）把“病”看作去除对象来编码，（20b）则把“病”视为原因来编码。那么，哪个是合理的呢？显然，前者更合理，后者除了啰唆以外，要命的是它违背了一个编码原则。整个养病过程中被关注的焦点应该是“病”。为什么这么说？因为“养病”过程中的一切都取决于“病”：

怎么养？那要看什么病。

在哪养？那要看什么病。

养的效果怎样评估？那要看病是不是见轻了。

养多长时间？取决于病什么时候好。

可见，一切都取决于“病”，“病”是认知焦点，认知焦点应编码为句法焦点。这一点（20a）做到了，而（20b）将认知焦点编码为背景，造成了认知与编码的冲突。所以，“养病”不仅合情合理，而且是不二之选。

以上是对“养病”合法性的论证，理路是：“养病”是“擦灰”这种原型实例的隐喻扩展，附着型剥离构式赋予“病”以附着物的身份，赋予“养”以剥离手段的意义。

问题是国人有把病看作附着物的认知习惯吗？若能证明我们民族确有这种认知习惯，无疑会提高结论的可信性。

Lakoff 和 Johnson（1980）认为，英语母语者通常用 up（上、上升）来隐喻健康和活着，用 down（下降）隐喻患病或死亡。他们是这样证明的：

隐喻表达式：HEALTH AND LIFE ARE UP.

例证：He’s at the *peak* of health. He’s in *top* shape.

隐喻表达式：SICKNESS AND DEATH ARE DOWN.

例证：He *fell* ill.　He's *sinking* fast.　He came *down* with the flu. His health is *declining*.[①]

这些例证表明，人们确实是用理解、描述空间里的升降（up、down）的方式来理解、描述健康状况的——描述健康状况和描述空间里的升降使用同样的词语是其明证。

我们模仿 Lakoff 和 Johnson（1980）的证明方式来回答汉语有无"病是人体附着物"的隐喻这个问题。我们的回答是：有。（21）是这种隐喻存在于汉语的证据：

（21）a. 常常是晴天一身灰，雨天一身泥。

b. 建国，你驮着一身病，不要忘了吃药、打针。

c. 时时勤拂拭，莫使染尘埃。

d. 他们中有 7 名医生和 2 名护士不幸染病。

e. 更重要的是，它令到我们浑身疾病缠身。

（21）表明，人们在谈论"病"时，和谈论典型附着物（"灰、尘、泥"等）一样，使用同样的动词和量词，我们确有把"病"看作身体附着物的认知习惯——汉语存在"病是人体附着物"隐喻。

没有人质疑"治病"这个说法，其实"治病"也属于剥离结构。如果一个人腿上有病，则下列剥离结构成立：

（22）a. 他到上海治腿去了。

b. 他到上海治病去了。

（22）的两个句子为什么会是同义的？因为（22）是剥离结构，剥离结构本来就是两个句子描述同一事件，言为二而事为一，两个句子等效，当然意义相同。具体来说，就如同"擦皮鞋"和"擦灰"同义一样：（22a）的"治腿"相当于"擦皮鞋"，（22b）的"治病"相当于"擦灰"。如果不投以"剥离构式"的眼光，就会又无端地生出一个新的伪问题：（22）里必有一句不合理。如果（22b）"治病"的说法是合理的，且"治病"是为了去掉疾病，那么（22a）的"治腿"难道是为了去掉腿吗？如果（22a）的"治腿"是合理的，且"治腿"是对"腿"有利的行为，那么"治病"就变成对"病"有利

---

① 转引自 Saeed（2003：347）。

的行为了，这同样是不可接受的。只有把两个句子看作剥离结构，才可以论证两个句子的同义性，才可以消除悖论式的矛盾，才与人们的心理现实相一致：

鞋上有灰，擦鞋等于擦灰。

腿上有病，治腿等于治病。

“养伤”的情况与“养病”完全相同，不作专门讨论。

7.3.2 关于“恢复疲劳”

下面来看看同样不受欢迎的“恢复疲劳”。

（23）a. 不管怎样，先让大家休息一晚恢复体力。

b. 要让教师休假，给教师以恢复疲劳、思考问题、总结经验的时间。

有了上面对“养病”的分析作基础，“恢复疲劳”要好办得多。“疲劳”隐喻为身体的附着物，这个附着物必须剥离下去，怎么能剥离下去？办法就是使身体恢复疲劳前的状态。只有恢复能使“疲劳”从身体上剥离开去，前引吕叔湘（1984）认为结构中含着一个“脱离”义，这个“脱离”义就是我们说的“剥离”。

“疲劳”和“病”一样，是极不典型的附着物，“恢复”与“养”类似，是极不地道的剥离动词，它们共同成就了“恢复疲劳”的高度综合性。“疲劳”隐喻为身体附着物的直接证据：

（24）a. 她每天把水备好，让劳累了一天的丈夫洗去一身疲劳。

b. 1986 年寒冬的一天，他们带着一身疲劳回到住处……

c. 或忘情唱一曲，或潇洒跳一回，抖落疲劳烦恼。

d. 满身的疲劳消失得无影无踪。

（24）表明，“疲劳”不仅可以与“尘土”适用于同一个量词，还可以戴在身上，可以“洗去”“抖落”，这些都说明我们民族有像思考、描述附着物一样思考、描述“疲劳”的认知习惯：汉语确有“疲劳是附着物”这一隐喻。

笔者还发现了把“尘土”与“疲劳”并列的句子：

（25）a. 两大桶粥都送完了，闫涛老师带领大家做了小游戏，活动很有趣，把疲劳和尘土都拍跑了！

b. 当我们到达额济纳旗已经是深夜，住在市区里的一家酒店，洗去这几天的疲劳和尘土，准备第二天……

（25）表明，“疲劳”不仅可以“拍跑”“洗去”，句法上还可以与“尘土”并列。众所周知，只有同类论元才能合并，（25）中“疲劳”与典型的附着实例“尘土”构成并列结构，合并为一个论元，这是“疲劳”隐喻为附着物的又一个独立证据。

我们可以从上面对附着型剥离结构的分析中抽绎出一个动因假设，以明了人们在什么情势下会想到使用附着型剥离结构。

动因假设：如果两个客体在认知上被认定为有附着物与附着对象的拓扑关系，且附着物必须被去除，人们会选择附着型剥离结构表达去除行为。

动因假设的理论依据是 Goldberg（1995/2007）的“事件类型—构式”对应假设：“简单句构式与反映人类经验的基本情景的语义结构直接相联”（第5页）；“构式的作用是把世界划分为各不相同的并被系统分类的事件类型”（第38页）。就是说，事件类型与构式清单相对应，这样，人们表述某类事件时就会调用相应的构式。

我们可以借助（26）把这个道理讲得再直观些。

（26）a. ……紧急赶赴站区内各条路轨和209组道岔现场，投入“除雪保畅通”的紧张劳动。在漫天飞舞的雪花中，他们一边仔细清扫铁轨，一边……

b. 就连退休工人和家属也会主动到车站监护道岔，清扫积雪。

（26）a、b句出自同一篇报道，讲的是铁路员工在大雪中“除雪保畅通”的紧张工作。大雪落在铁路上成为一种附着物，铁路是附着对象，为了铁路安全运行，必须及时地将附着物剥离附着对象。为了表达这种剥离事件，人们就会激活头脑中的剥离句式。作者交替使用“清扫铁轨”和“清扫积雪”两种表达，因为二者等效（言为二而事为一），这两个同动异宾表达式放一起正好是一个剥离结构——表达剥离事件选择了剥离构式。

7.3.3 关于“救火”

我们的思路是把“救火”纳入剥离结构，认定“救火”是附着型剥离构式，继而在剥离结构框架下解释“救火”的合理性：剥离构式赋予“救”以剥离意义，而“火”为剥离对象。

要完成上述任务，我们必须依次做好两件事：(1) 证明我们民族有把“火”当作一种附着物的认知习惯，即汉语中有“火是附着物”的隐喻。(2) 论证“救火”属于附着型剥离构式以解决“救”的剥离意义来源问题。

我们第一步是通过证明“灾”是附着物，推出“火”是附着物。

“灾”是个上位词，它包括各种灾。文献中有“水旱昆虫之灾”“霜雹之灾”“雪霜之灾”“水火之灾”等等。在古人看来，“灾”都是天降的（“天道福善祸淫，降灾于夏，以彰厥罪。”《今文尚书》）。上天作为惩罚手段降灾于人间，使其成为一种具有危害性的附着物，人们要设法去除这种附着物才能自保。

“雪”落地以后就成为大地上的一种附着物。作为来自天上的附着物，“雪”是具有原型性的实例。隐喻的前提是象似性，通过比较我们发现“雪”与“灾”具有极强的相似性，具体表现在：

1. 起点都是“天”，路径都是“降”。

(27) a. 六月长天降大雪。（《五灯会元·卷 18》）

b. 上天降灾，使我两君匪以玉帛相见。（《左传·僖公十五年》）

2. 对逝去方式的描写相同——都用“消”。

(28) a. 雪消冰又释，景和风复暄。（白居易《早春》）

b. 若改敝从善择用嘉谋，则灾消福至矣。（《册府元龟·卷 101》）

3.“雪”“灾”都需去除，且描述去除方式用词相同：除，扫除。

(29) a. 听事前除雪后犹湿，于是悉用木屑覆之。（《世说新语·陶侃》）

b. 今天当用此书除灾害也。（东汉《太平经·卷 39》）

c. 承气捕非，扫除灾群。（《玉皇经·太上大光明圆满大神咒品》）

我们认为，上举材料足以证明汉语存在“灾是附着物”的隐喻，“火”为“灾”之一种，亦上天所降，落于人间，遭受者需去除之而后能自保。所以汉语存在“火是附着物”[①] 的隐喻。这属于概念推理，下面的（30）则是一个直接证据：

（30）a. 闾阎扑地，皆除火宅之灾。（唐《唐文拾遗·卷41》）

b. 祓禳于四方，振除火灾。（左转·昭公十八年）

特别是（30b），顾炎武《日知录·卷27》注：“振如振衣之振，犹火之著于衣，振之则去也。”“犹火之著于衣，振之则去也”翻译一下就是“就像火附着在衣服上一样，抖落一下就去掉了”。《左传》作者把“火灾”用如“附着物”，顾炎武也把它解读为“附着物”，说明我们民族确有把火灾之“火”当作一种附着物的认知习惯。

“火”既是一种附着物，且必须除去，表达去除这个意思什么句式合适呢？依据我们前面的动因假设，非剥离结构莫属：

（31）a. 市消防支队第二中队马上赶到火灾现场灭火救人。

b. 大约50名消防队员乘坐10辆消防车赶到现场救火。

有什么理由将“救火”认定为剥离构式？理由是下面这一套概念推理：

首先，我们已经证明汉语有“火（灾）为附着物”这个隐喻，且这个附着物十分凶险，必须将它与其附着对象紧急剥离。这一点与剥离构式的语法意义相契合。

其次，“周围有火”与“身上有灰”具有直观的相似性。火灾中，“火”包围着“人、畜、房屋及其他财物”，这与附着物分布于附着对象的表面的拓扑关系相吻合，语义关系也一致：“灰尘”“火”都是人们要设法摆脱的。

最后，使A和B分离开，可以有三种办法：办法1，让A走开；办法2，让B离去；办法3，让A和B同时向不同方向离开。火灾处置的本质是保护人、财、物（下文简称“保护对象”）不受损失，如何达到这样的目的？让“保护对象”与“火”紧急分离。如何分离？疏散人员，转移财物，是分离（办法1），把火灭掉也是分离（办法2），双管齐下是要尽快实现分离（办法3）。什么句式适合表达分离意义？剥离构式。因此，“救火”本质上属于剥离构式。

“救火”作为附着型剥离构式的认定如果是正确的，剩下的事就比较好办

① 当然是指须救之“火”。

了。“火”的被剥离者身份由构式和“火是附着物”隐喻共同允准，“采取紧急行动”义属于“救”字本有，“剥离”意义则由构式赋予（就像“They laughed the poor guy out of the room”赋予 laugh“致使移动”意义一样[①]）。

余下的问题是：如此顺理成章，人们怎么会觉得“救火”别扭呢？我们在分析“养病”时已经指出：别扭的感觉来自于运算的困难，心里已有的答案与运算出来的结果对不上号。“火”作为一种附着物与典型附着物（灰尘、泥土、汗水、垃圾、积雪）比较，有如下特点：（1）更为有害，且有进攻性；（2）其他附着物只需使其位移即可剥离，“火”需灭掉才能实现剥离。这两点使得“火”作为附着物很不典型，这会降低构式的透明度，增加构式运算的难度。“擦灰、擦汗、清理垃圾”都是简单的剥离行为，而“救火”不同，它包括疏散人员、转移牲畜和财物、灭火等一系列需要紧急完成的工作。“救人”“救禽畜”“（抢）救财物”都不会让人觉得别扭，可是在“救火”这一表达式中，只有“火”被明示出来，“人、牲畜、财物”等都要靠经验脚本去填补。这又大幅降低了构式的透明度，几乎使直接运算成为不可能。这就是人们觉得“救火”别扭的全部原因。

问题还可以再延伸一步：人们为什么不选择一个透明的说法（比如“灭火”），而要创造一个不透明的结构体呢？根据构式语法的句子生成理论，句子的起点是场景，实际场景中“灭火”只是“救火”诸项工作中的一项，所以使用“灭”来描述救火现场无法描述全景，会导致主要信息得不到表达[②]。而“救”语义丰富，疏散人员、转移财物都可包括其中，所以“救”字实在是不二之选。

“救火”就解释到这里，“救灾”与“救火”属于同类，我们已经证明过汉语中存在“灾是不祥附着物”的隐喻，其相关剥离结构如（32）所示：

（32）a. 减价粜粟，以水害稼，救饥民也。（《册府元龟・卷 106》）

b. 唐尧救灾，决河流江。（《全宋文・卷 24》）

按照剥离结构的工作定义，a、b 由于描述同一过程，等效、同义。这个道理就如同下列情形：路有积雪，人不能行。解决这个问题可以说“除雪”

---

① Goldberg（1995/2007：150）。

② 处置森林火灾通常用“灭火”，因为不涉及人员疏散、财物转移等事项。比如，“目前有 1800 多名森林消防员参与灭火行动”“防止中小学生及未成年人参加森林灭火”。

也可以说“除道”。如（33）所示：

（33）a. 时大雪积地丈余……令人除雪入户，见安僵卧。（《后汉书·袁安传》）

b. 雪虽大，有司扫除道路，必无妨阻。（宋《挥尘后录·卷1》）

“除雪”“除道”名异而事同，两种说法都是要把“雪”与“道”剥离开，（32）的“救饥民”“救灾”都是要把“饥民”与“灾”剥离开来，道理并不难理解。

7.4 关于构式群的研究思路

本书提出的“剥离结构”实际是一个同动异宾的句式群（construction group，也可称“构式群”）。句式群作为概念、作为研究方法提出并被界定始于施春宏（2010a），但作为观念，自结构主义以来一直在使用。结构主义在各层面上使用的最小差异对（minimal pairs）其实就是“群”。结构主义认为，差异是价值，发现差异的途径是比较，比较的前提是比较对象的圈定，被圈定出来的就是“群”。施春宏（2010b）：“任何成分（包括句式、句式的语法形式、句式的语法意义）从根本上说都是一种关系的体现，而关系存在于系统之中，因此只有在系统中才能确定成分的价值。”“群”是系统的具体化，锁定一个研究对象后，第一步应该是找到它所在的最小群，建立对象所在的最小系统。“最小”二字最为关键，对立总是在最小系统中显示的。我们说词汇是一个系统，其实是无法论证的。一个系统要包括若干元素，且元素间要有联系。联系就是互相影响，相互影响就是其中一个的有无或变化会造成系统的动荡。我们举个实例来说明这层意思。如果从汉语词汇中取消“哥哥”这个词（彻底取消而不是找另一个词来替换），“嫂子、伯父、伯母、叔叔、婶子”都会随之消失。“弟弟、妹妹”还会存在，因为有“姐姐”存在，但“弟弟、妹妹”的语义也在收缩（从相对于“哥哥、姐姐”变成只相对于

“姐姐”）。这个动荡只发生在对象所在的最小系统中，取消“哥哥”对这个最小系统之外的词没有影响。所以，语义场是可以论证的，而整个词汇是一个系统是无法论证的。观察句型、句式也一样，我们怀疑一种语言的“句型系统、句式系统”这样的说法，能够被证明具有系统性质的只是一些最小的“群”，观察一个元素的价值就应该而且必须在其所属的最小群里展开。这一点也一直是构式语法所秉承的理念。Goldberg（1995/2007：65）阐述构式无同义原则时给出了两个推论：

推论 A：如果两个构式在句法上不同但在语义上相同，那么它们在语用上必定不同。

推论 B：如果两个构式在句法上不同但在语用上相同，那么它们在语义上必定不同。

推论中反复提到的“两个构式”都是以可比性为前提的相关句式，即最小群。最小群能够直接且直观地显示元素存在的价值。还以剥离结构为例，剥离结构由同动异宾的两个述宾结构组成（削苹果、削皮），且描述同一事件或过程。描述同一事件或过程，却有两种表达，如果语言的经济原则能够容忍它，那么两种表达一定各有价值。确实，经验数据显示，使用去除宾语句还是使用保留宾语句，在某些情况下是强制的。在下列情况下必须选择去除宾语句。

（34）a. 他吃苹果不削皮。　　b. *他吃苹果不削苹果。

c. 他吃什么都不削皮。　　d. *他吃什么都不削什么。

（34）里去除宾语句都成立，保留宾语句都不成立。（34b）句子成立（他只吃苹果却不削苹果，他吃的是别人削过的苹果），但解读不出（34a）的意思来。

如果一个人脸上、身上都有汗，选择本有宾语说成（35a），选择附着宾语说成（35b）：

（35）a. 擦擦脸和身吧。

b. 擦擦汗吧。

显然，附着宾语句比本有宾语句好。但在下一种情况下，结果可能反过来。

如果一个人脸上既有油漆又有灰尘，还有汗水，选择保留宾语说成

（36a），选择去除宾语说成（36b）：

（36）a. 擦擦脸吧。

b. 擦擦油漆、灰尘和汗吧。

这回是保留宾语句优于去除宾语句。

价值在最小系统中显示，先定义一个涵盖观察对象在内的最小系统可能是语法研究的一条便捷路径。

第八章

“V个X”结构的生成：轻动词解释

本章研究的“V 个 X”是指下边语料里的画线部分：

（1）a. 没事儿自个儿在家看个电视，上个网；闷了，出去散个步，跟朋友下个棋，聊个天儿，日子不知不觉就过去了。

b. 就买个菜、做个饭、洗个碗，还能累着吗？

c. 我去洗个手。

d. 也就是端个茶，倒个水，扫个地，擦个灰儿之类的杂活儿。

e. 你先理个发，洗个澡，再做个按摩，放松一下，晚上给你接风。

从例（1）里可以看出，“V 个 X”里的“X”有名词（a、b、c、d），也有动词（如 e 的“按摩”），还有不成词的语素（如 e 的“发”“澡”）。这种结构的表义特点，李美妍（2007）认为是一种减势表达，是故意把事情往小里说，往不重要上说。我们搜集的语料支持这种看法，但本章的重点不是讨论这种结构的表义特点，而是探讨这种结构的生成机制与动因，即这种结构是怎么生成的、为什么要生成这种结构。

本章讨论的“V 个 X”结构最特殊的地方有两个：

（1）“个”不是“X”选择的量词，但它却有能力排挤“X”本有的量词。“手”论“只”论“双”，不论“个”，可是在“洗个手”里只能用“个”。“茶”“水”论“杯”论“壶”，也可以论“碗”，但无论如何不论“个”，可是在（1d）里“个”是唯一选择。

（2）“个”前边排斥任何数词，包括“一”。

这两个特点说明：a.“个”不修饰 X（“个”不是 X 选择的，因而 X 不是其直接成分）；b.“个”不是量词，因为它排斥一切数词。

这个结构有几个问题需要解释清楚：

（1）“V 个 X”是个具有自足性的谓词性结构体（“自足性”指它可以独立作谓语，可以单独回答问题），可是这个结构体又具有不可分析性：X 不是“个”的直接成分，V 也不是“个”的直接成分（“V 个”不成立），如何解释这种不可分析性？

（2）“V 个 X”不具有熟语性，是一种能产型结构，可是这种结构到底是怎么生成的？对此，汉语语法学应该作出解释。

（3）这种结构的生成动因是什么？

（4）结构中“个”的性质是什么？

应该说这四个问题也不在同一个层次上，（2）更本质：结构的生成机制清楚了，其他几个问题就不是问题了。以下是笔者为此所作的尝试。

8.1 “V个X”的生成机制

经验告诉我们，若A、B、C是三个相邻成分，B与A、C都没有结构关系——B既不是A的直接成分（immediate constituent），也不是C的直接成分，那么ABC多半不是基础生成，很可能是位移操作的结果。比如：

（2）Which room were you born in?

观察“were you born”这个词串，you不是were的直接成分，也不是born的直接成分，三个词没有直接组合关系，这种状态是由were位移造成的（were移位前，在you were born中were是born的直接成分）。由此我们猜想，“V个X”结构内部发生过位移。可是，哪个成分发生了位移？位移的动因是什么？这两个问题必须回答。受黄正德（1997/2008）、黄锦章（2004）、冯胜利（2005）的启发，我们尝试用轻动词理论①作出解释。我们假设，“V个X”结构不是基础生成的，中间经过了位移操作。如果是这样，就要找到它的深层结构，以深层结构为基础解释位移动因，就完成了对“V个X”结构生成机制的解释。我们进一步假设“V个X”的深层结构是一个轻动词结构（light verb construction）。以“洗个手”为例，我们假设它的深层结构为图1，经“洗”位移后生成图2：

① 轻动词理论参见（Grirnshaw，1988；Chomsky，2000；Hale、K. & S. J. Keyser，1993；黄锦章，2004；冯胜利，2005；黄正德，1997/2008）。

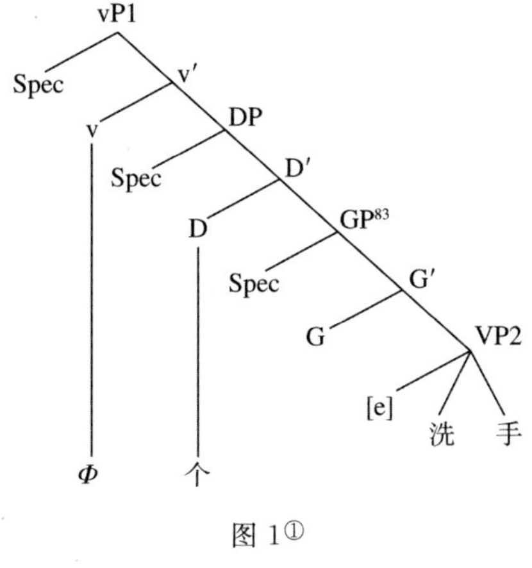

图 1①

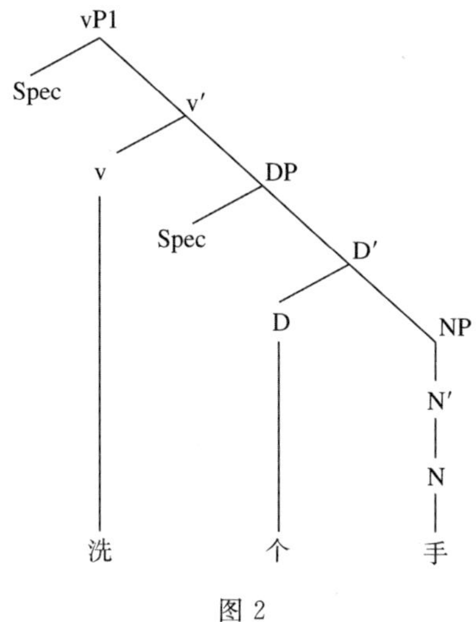

图 2

按照轻动词理论，轻动词在深层结构中占有句法位置，是个功能语类，但它没有语音形式，不能独立成词，于是“洗”经过移位补入轻动词位置，于是有了如图 2 所示的“洗个手”这种结构。“所谓轻动词，在语义的层次上是指内涵单纯并为许多动词所共有的‘因子’语义。依据动词的种类，轻动词的语义可以归纳为 CAUSE，BECOME 和 DO 三类。”（黄正德，2008）“V

① 按照 Abney（1987），DP 短语里 D 以名词短语（NP）或动名词短语（GP）为其补足语，但“洗手”是动词短语，与 DP 假设的要求不符。黄正德（2008）在分析“你教你的英文”的深层结构时，在“教英文”上边设了一个 GP 从而把“教英文”变成动名短语。要保证“教”的动词性，又要使“教英文”有名词性，也只有动名词短语有这个性质。本章参考了黄文的做法，参见黄文图 18 和注[9]。另外，因为在 GP 层上没有实质性成分加入，也为了简洁，本章下面的树形图里不再显示 GP 层。

个 X”结构里的动词是动作动词，与之相应的轻动词是 DO，所以图 1 里的 v 是一般意义的 DO，对应到汉语词汇层面是“作/做、搞”等等。这个轻动词有时也会以有音形式（overt form）出现[①]。如图 3 所示：

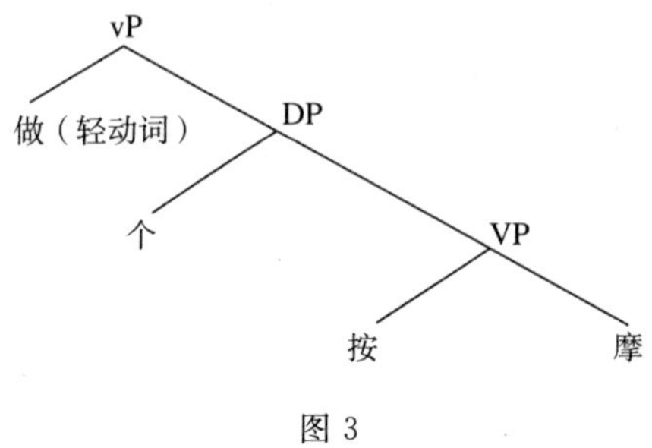

图 3

若这个轻动词不以有音形式出现，它就会促动位移操作，这样就有了“按个摩”[②] 这种结构体：

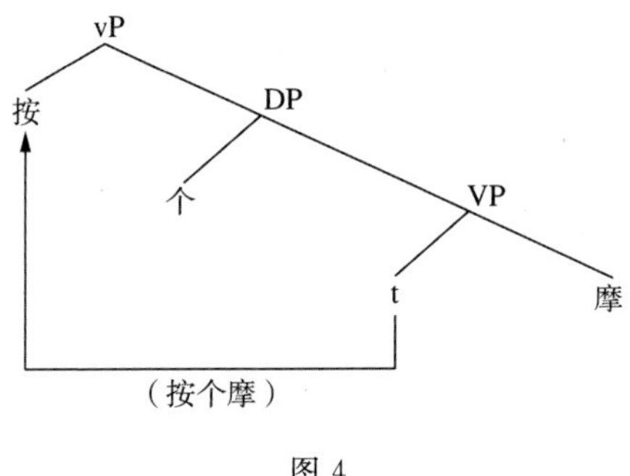

图 4

图 3 这种轻动词现身的形式可以叫作显性轻动词结构（overt light-verb construction）[③]，图 4 这种轻动词隐身的形式可以叫作隐性轻动词结构（covert light-verb construction），两种轻动词结构基本语义相同（指命题意

---

① 这里的轻动词“作/做”像 have a rest 里的 have，take a break 里的 take，传统上叫作形式动词或虚义动词。

② “按个摩”百度搜索到 45800 个用例（检索时间，2012 年 3 月 15 日 10 时；检索范围，网页；检索方式，精确匹配）。

③ 冯胜利（2005）把轻动词分为两类：一类是不带音的轻动词或空动词（empty verb），另一类是带音的轻动词（亦即 phonetically realized light verbs）。持此观点的还有 Bowers（2002：215—216）、熊仲儒（2002：377，381—382）等。本章采纳了他们的观点，并将带音的轻动词所在的结构称为显性轻动词结构，而将不带音的轻动词所在的结构叫作隐性轻动词结构。

义），前者为后者提供了心理现实性依据。这种显性与隐性的对应在汉语中不是孤例，我们再举一些经常见到的用例（括号里是百度搜索到的用例数据）：

显性轻动词结构	隐性轻动词结构
做个检讨	检个讨（1640）
做个检查	检个查（1540）
做个汇报	汇个报（8250）
做个体检	体个检（7220）
做个按摩	按个摩（45800）
做个广告	广个告（4520）
……	……

"洗个澡"这类用例很有趣。"洗澡"本来是同义语素并列的联合性动词，"澡"在古文献里单用，与"洗"同义。例如：

（3）柿熟时取之，以灰汁澡再三度，干令汁绝，着器中，经十日可食。（《齐民要术》）

"洗澡"在"洗"位移以后成为"洗个澡"，"澡"独自承担了"洗澡"的意义并成为宾语：

[vP DO（DP 个洗澡）]（深层结构）

[vP 洗$_i$（DP 个 t_i澡）]（"洗"移入轻动词位置并与轻动词合并）

[vP 洗（DP 个澡）]　　（表层结构）

"游个泳"也属于这种情形。例如：

（4）汉之广矣，不可泳思。（《诗经·周南·汉广》）

从例（4）里可以看出，"泳"是动词。"泳"与"游"同义，"游泳"也是并列式合成词。它处于轻动词结构中时，位移操作造成了"游个泳"这样的结构。

不过，这里似乎有点儿问题。管约论的"核心词"是指 XP 里的 X^0，即进行句法投射的初始成分。如果最大投射是功能短语（TP、IP 等），这个初始成分可以是语素（如-ed、-ing 等）。如果最大投射不是功能短语，而是一般短语（如 NP、VP、AP、PP 等），核心词 X^0 一定是词这一级的单位，可是"洗澡"和"游泳"中的"洗"和"游"都不是词，作为语素，位移也发生在它们身上，轻动词结构里的这种位移要不要叫作核心词位移，似可再斟酌。

更有意思的是“浪个漫”[①] 这种结构，“浪漫”本来是单纯词，“浪”连语素都不是，在轻动词构句机制作用下居然也可以位移，致使“浪”与“漫”从没有句法关系到重新分析为动宾关系。是谁赋予“浪”以词的身份并给了它带宾语的能力？只能是轻动词附体——轻动词与“浪”合并后将自身功能注入于“浪”，使“浪”动词化，获得带宾语的功能，而“漫”则独自承担了“浪漫”的意义而成为宾语。

［vP DO（DP 个浪漫）］（深层结构）

［vP 浪$_i$（DP 个 t_i漫）］（“浪”移入轻动词位置并与轻动词合并）

［vP 浪（DP 个漫）］　（表层结构）

类似的例子还有“幽默”：

（5）叶知秋轻描淡写间就控制了场面，兼之不时打个趣幽个默，把其余人弄得舒舒贴贴。[②]

对此似乎有三个选择：（1）从“游泳”到“游个泳”并非由轻动词驱动的位移造成，而是“个”插入的结果。可是插入也需要一个空位，而“浪漫”“幽默”这种单纯词内部没有空位，如何可以插入？（2）认为“体个检”“浪个漫”是由“洗个手”类推而来。但类推不是一种彻底的解释，因为何以能够如此类推仍然需要解释。（3）修改轻动词假设：轻动词中，没有语音形式的轻动词所需要的只是一个语音形式（一个音节），而对这个语音形式所代表的是什么性质的单位没有要求。我们选择第三种解释。

轻动词所需要的只是一个语音形式而对这个语音形式所代表的是什么性质的单位没有要求，我们把这个特性概括为轻动词语音需求唯一性。轻动词语音需求唯一性直接导致“V 个 X”结构里能够移入“V”位置和占据“X”位置的成分的复杂性。“V”位置：

洗个手——洗，动词

游个泳——游，动词性语素

静个坐[③]——静，形容词性语素

---

① “浪个漫”百度用例 1010 个。

② 百度检索到“幽个默”用例 1000 个（检索时间，2012 年 3 月 15 日 10 时；检索范围，网页；检索方式，精确匹配）。

③ 百度搜索到“静个坐”657 例（检索时间，2012 年 3 月 15 日 10 时；检索范围，网页；检索方式，精确匹配）。

体个检——体，名词性语素

浪个漫——浪，非词，非语素，只是一个音节。

就上边这些例子来观察“X”位置可以发现，“X”位置上的成分几乎与“V”位置上的成分一样复杂。

基于以上事实，我们认为，轻动词结构里的核心词位移不如叫作轻动词语音充填，因为它对充填进来的语音单位代表什么性质的单位没有要求。这是不是一个普遍规则，需要跨语言的语料支持；但目前来看，至少在汉语里是这样。

由于能够移入“V 个 X”结构里“V”位置的成分是一个复杂的集合，“V 个 X”结构的深层结构应统一描写为：[vP DO（DP 个 WX）]。“W”代表一个包括词、各种属性的语素以及无意义音节的一个集合。“W”移入轻动词位置之后，轻动词附体，变身为“V”。

“洗个澡”“游个泳”“睡个觉”“浪个漫”“幽个默”“更个新”“放个松”这种结构已经用开了，而且呈不断扩大的趋势，显示出轻动词结构强大的能产性。下面再举一些不一定被认可的来自网上的用例：

（6）阳光明媚，暖风徐徐，越个野，露个营，喝个酒，烧个烤，篝个火，没蚊叮，没虫咬，住上一宿，那才叫休闲呀！

（7）不就生个日，有什么了不起？

（8）来吧……生个日……快个乐……祝我十八岁生日快乐。

（9）饭后篝个火，晚个会，重温儿时游戏，也可以玩玩相亲。

（10）至于你的提议，俺们村委会回头先开个会，研个究，讨个论，然后再给你具体意见。

这样的用例网上都很容易找到，而且用例数量相当可观。对这种说法我们理解起来没有困难，这就说明它符合语言结构的构成机制。虽然现在我们还觉得俏皮，或者说还有点儿不那么自然，但全面接受也只是个时间问题。“亮个相儿”“体个检”我们已经觉得非常自然了，新结构都要经历这样一个过程。放在前些年，在规范语法观念的指引下，人们可能简单地给它们扣上一顶不规范的帽子，放在一边不理了；而现在人们更看重新现象里边蕴含的机制并努力地进行解释，“很中国”“被自杀”这种语言现象也不再轻易地看作规范化的对象而屏蔽在语法研究之外，体现了语法学界语法观念的重大转变。

毫无疑问，“V 个 X”是一个具有活力、开放式的结构，解释这种结构的生成机制是语法学的任务。轻动词解释未必是唯一的解释，甚至未必是正确的，但目前的语法学理论尚未提供其他解释的可能性。

8.2 “V 个 X”结构的生成动因

前面我们说过，“V 个 X”结构中的轻动词有时也会以有音形式出现，字形写作“作”（或“做”），结构编码为：作/做个 VX（作/做个按摩）。事实上，“作/做个 VX”是“V 个 X”的前身，后者是以前者为基础生成的。历时语料表明，“V 个 X”结构是一个很新的构式，而“作/做个 VX”结构早在宋代就出现了：

（11）却请为新出世长老作个证明。（《五灯会元》第 2 卷）

（12）两淮铁钱交子，试就今不行处作个措置。（《朱子语类》第 111 卷）

“作/做个 VX”删略“作/做”就紧缩为“V 个 X”。紧缩的原则是只缩小形式而不改变意义（这里指理性意义或命题意义），当“作/做”语表上被删略以后，它的意义并不会随之消失，这样它就变身为一个有意义无形式的轻动词（用 DO 代表这个语义）。这个轻动词 DO 吸引“V”上来合并，于是有了“V 个 X”结构：

作/做个 VX→DO 个 VX→V 个 X

到现在为止，我们只解释了生成过程，而解释为什么要紧缩才是问题的关键。为此，我们需要比较一下“作/做个 VX”与“V 个 X”的语义差异。“V 个 X”的语义本质是把事情往小里说——是一种减势表达（李美妍，2007）。说“检个讨”，是没把“检讨”当个事，因而没有“*认真检个讨”“*好好检个讨”“彻底检个讨”这样的说法。而“作个检讨”就不一样了，这是把“检讨”当作一件挺严肃的事情来对待的，因而可以有“好好作个检讨”“认真作个检讨”“彻底作个检讨”这样的说法。

“作/做个 VX”是个较大的形式，用来表达较严肃、庄重的意义，“V 个 X”是个较小的形式，用来表达不那么重要的事情，这完全符合语言的象似性原理。现在我们可以解释紧缩的动因了：通过删略“作/做”而将“作/做个 VX”紧缩为“V 个 X”，是为了把形式缩小，以适合减势表达的要求。

以上论证似乎出现了矛盾：一方面说紧缩只缩小形式而不改变意义，一方面说紧缩后的“V 个 X”与紧缩前的“作/做个 VX”语义有差异，这不是自相矛盾吗？从格语法的立场来看没有矛盾。Fillmore（1968）把句子的意义描写为两部分：情态意义（modality）和命题意义（proposition）。由谓词及其论元表达的意义是命题意义，句子的全部意义去除命题意义剩下来的全归为情态意义（如否定、时、体等）。主观性属于情态意义。当我们说紧缩不改变意义的时候，指的是结构所表达的理性意义或命题意义，而我们说“作/做个 VX”与“V 个 X”语义有差异的时候，指的是主观性差异。请比较下面这组语料：

(13) a. 如果你爱吃，你就吃；如果你不爱吃，你就不吃。

b. 你爱吃不吃！

c. 爱吃吃！

三个句子表达的是相同的命题，但紧缩前后说话者的主观态度的变化是非常明显的：例（13a）是一种很耐心、很客气的表达；例（13b）就不太客气了；例（13c）则是一种很不耐烦的态度了。紧缩程度越深，说话人态度变化越明显：紧缩所剩形式越小，消极主观性越强。从“作个检讨”到“检个讨”的形式变化对应的正是从“认真对待检讨这件事”到“不认真对待检讨这件事”的主观态度的变化。所以，我们说把“作/做个 VX”紧缩为“V 个 X”是主观性表达需求促动的，从“作/做个 VX”到“V 个 X”，是一个主观化过程。

格式的主观性蕴含着“V 个 X”结构的主动性，即施事有意施行“V 个 X”这个行为。利用这一性质可以预测“徘徊”“苦闷”“着急”这类词没有对应的“＊徘个徊”“＊苦个闷”“＊着个急”这种对应形式。

8.3 “个”的性质

关于“个”的性质，有量词说、事件量词说、助词说、名词性标记说、宾语标记说（参见：游汝杰，1983；邵静敏，1984；祝克懿，2000；张谊生，2003；石毓智、雷玉梅，2004；张伯江，2010），此外还有冠词说（吕叔湘，1944）。

前面说过，“个”不可能是量词（包括事件量词），因为它排斥数词。“番”“场”都是事件量词，它们都不排斥数词。例如：

（14）经过一番讨价还价，最终以两千元成交。

（15）不可避免要有一场恶斗。

若一个单位绝对地排斥数词，那它一定不是量词。

把“个”看作助词也是有困难的。汉语助词可分为前附助词（如“所”）和后附助词（如“了、着、过、的”等）。不管前附还是后附，都要与所附着的对象组成结构体，比如“所见”是结构体，“走了”也是结构体。语料显示：不能将“个”解释为后附助词，因为“V个”不是结构体；也不能解释为前附助词，因为“个X”也不成结构体。那么结论只能是，“个”不是助词。

“个”不是宾语标记，虽然它后边的成分只能分析为宾语。汉语是靠语序来标记句法成分的。只有在宾语居于非常规位置时才需要加标记。“你放了他吧”，“他”居于常规的宾语位置，无标记；“你把他放了吧”，“他”居于非常规的宾语位置，有标记。在“V个X”结构里，宾语居于常规位置，不需要加标记。如果是宾语标记，宾语就应该能够移动，可是它不能。

名词性成分标记说与冠词说比较接近，因为冠词可以作名词性成分的标记。冠词说是吕叔湘（1944）提出的，吕先生在《“个”字的应用范围，附论单位词前一字的脱落》（1944）一文中详细讨论了“个”的各种用法，其中也讨论到本章的“V个X”结构。例如：

（16）我要带了华忠同去，原为他张罗张罗我的洗洗汕讪这些事情，看个屋子。

（17）咱们哄着老太太开个心儿。

（18）大老爷也不出个头。

（19）彼此拉了个手儿。

吕先生认为：“‘个’是一个表数量兼表无定的冠词，但……它的应用范围比较西文的无定冠词更广，可以用于非名词乃至于不在名词地位的词。”笔者认同吕先生的冠词说，所不同的是，吕先生认为“个”作为冠词是“冠”在“X”上，而本章认为是“冠”在“VX”上，作用是将“VX”DP化。DP从前叫作名词性词组，所以把“个”叫作名词性成分标记也不是没有道理。

8.4 小　结

本章通过对“个”与“X”无搭配选择关系的“V个X”结构的考察，得出如下结论：

1.“V个X”结构不是基础生成的，而是轻动词促动的位移操作的结果。“V个X”的深层结构是［vP DO（DP个WX）］，隐性轻动词吸引“W”爬升合并，才有了“V个X”结构。

2.隐性轻动词缺少的只是一个语音形式，因而由它促动位移的不一定是核心词，也可能只是一个连语素都不是的音节。

3.“V个X”的前身是“作/做个VX”，前者是以后者为基础通过紧缩生成的。动因是要生成一个与“作/做个VX”命题意义相同但带有较强烈主观色彩的格式。

4.“V个X”中的“个”是冠词，其作用是将“VX”DP化。

第九章

语音教学理论探索

9.1 声母教学探索

9.2 韵母教学探索

9.3 声调教学探索

9.4 “拼写规则”的教学问题

9.5 儿化教学探索

语音教学的内容包括声母教学、韵母教学、声调教学、轻声教学、儿化教学五部分。

9.1 声母教学探索

9.1.1 声母教学的重点

声母教学要有重点，汉语里作声母的辅音有的是学生母语里也有的，这部分声母就可以一带而过；有的声母与学生母语里的某个音不完全一致，但差异不造成音位的对立，这种音也不必费功夫。比如英语的［b］与汉语的 b［p］有清浊的差异，但这种差异并不造成意义的不同，［b］本身是汉语普通话/p/音位的一个条件变体。如果学生把本该读［pa³⁵］的“拔”读成了［ba³⁵］，并不影响理解，这种差异可以忽略。再如英语 how、hand 等的开首辅音与汉语的 h［x］发音部位不同，汉语的 h［x］与 g［k］、k［k‘］在同一部位，是舌根音，而英语的 h［ɦ］是声门音，要深得多，但即便留学生把本来读［xɑu⁵¹］的“号”读作［ɦɑu⁵¹］，一般人也听不出来差异，即便听得出来也不会造成意义上的不同，这样的音也就不必太较真儿。赵元任先生大半生从事汉语教学与研究工作，在谈到语音教学的时候他说：“所以我在教外国人学习中国语言的时候啊，我总说：中国语言的音一共 a few dozen，当中一半儿英文里头已经有了，所以啊，你们只需在 one half of a few dozen 上特别注意就行了。”（赵元任，1959/1999：157）我们作汉语教师的就是要将主要教学精力放在这 one half of a few dozen 上。那么，这 one half of a few dozen 在汉语声母里包括哪些音呢？这要看教学对象的母语是什么语言。以英语为母语或有英语背景的学生和日、韩学生在声母这部分遇到的共同困难是下面的三组声母：

舌尖前音：z［ts］ c［ts‘］ s［s］

舌尖后音：zh［tʂ］ ch［tʂ‘］ sh［ʂ］ r［ʐ］

舌面音：j［tɕ］　q［tɕʻ］　x［ɕ］

多数语言里都有一组舌叶音（［tʃ］［dʒ］［tʃʻ］［ʃ］［ʒ］），英语 chair、judge、show 的起首辅音都是舌叶音。舌叶音的发音部位与我们这三组声母的发音部位接近，发音方法也基本相同，在初学时发生混淆或偏误有一定的必然性。所以，这三组声母就是教学中要特别注意的重点，稍后我们会讲这三组声母怎么教。当然，除了这三组声母之外，针对不同母语背景的学生，还有一些需要特别注意的声母，比如对日本留学生要注意所有的送气音、对韩国学生还要注意唇齿音等，但这些音即便出现偏误也都好纠正。

9.1.2 声母教学的工具

声母教学的工具是舌位图[①]。作为汉语教师一定要熟悉下面这个图（图1）。

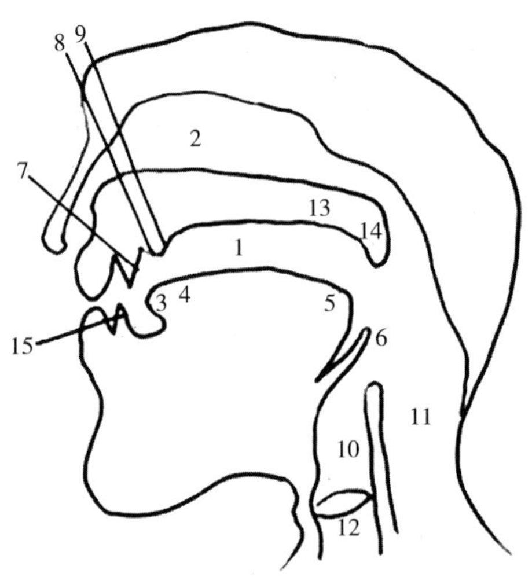

图1　发音部位图

1. 口腔　2. 鼻腔　3. 舌尖　4. 舌叶　5. 舌根　6. 会厌　7. 上齿背　8. 上齿龈　9. 硬腭开端　10. 气管　11. 食道　12. 声带　13. 软腭　14. 小舌　15. 下齿背

请记牢图上的几个重要的部位：上齿龈，舌尖，舌叶，舌根，硬腭。要把这张图印在脑子里，要能够在需要的时候随手绘制。随手画来，不必那么

---

① 通常辅音讲发音部位，元音才讲舌位。由于这里讨论的三组声母都是舌音，它们的发音部位问题都是舌头的哪个部位与口腔的哪个部位构成阻碍的问题，所以我们也把舌头的特定部位发某个声母时所处的位置叫舌位；同时，把显示这种位置的示意图叫作舌位图。

规整、全面，甚至可以卡通一些，就像图 2 这样：

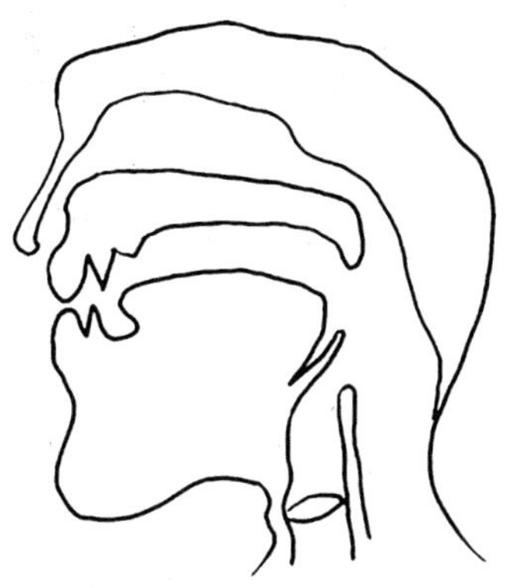

图 2　发音部位手绘图

舌位图一定要现场手绘，不要用 PPT 呈现。如果你能在 5 秒钟里将一幅舌位图绘制在黑板上，会赢得学生的一片赞叹，你在学生那里会得到不少加分。特别当你使用的是漫画笔法时，学生的兴趣会更高，特别是年龄比较小的学生。学生有了兴趣，你就好办多了。

要强调的一点是，用图讲解发音部位一定要考虑气流运行的方向，记住气流遇到的第一个阻碍点才是这个声母的发音部位。图 3 的两个图是等效的，因为对气流的阻碍点相同（箭头代表气流方向，下同）。

图 3　发音部位示意图

有的时候学生按照老师说的摆好了发音部位（比如舌尖抵上齿背），可是同时他的舌叶与上齿龈接触了，那里提前阻碍了气流（就如图 3 中的左图），发出来就不是预想的那个音了，这一点要特别注意。

9.1.3　声母教法

掌握了声母的教学工具（舌位图）以后，就可以进行声母教学了。声母教法可用十四个字概括：发音部位靠图示，发音方法靠模仿。

声母的要点是发音部位和发音方法。当学生正确设定了发音部位以后，模仿老师的发音就能发出正确的声母。

怎样让学生设定正确的发音部位呢？从以往的教学经验来看，有的靠描述，有的靠手势，有的不讲发音部位直接模仿。这些方法既不简洁也不清晰，一步到位的有效方法是图示法。为了有效地使用图示法，我们有必要对一些发音部位及发音部位图作较详尽的交代。

现在回到图 2，上齿龈末端与硬腭开端的交界处有个很明显的“棱”，舌尖滑过这个部位时会感到那个棱很突出。这个棱是个关键部位，区分舌叶音和舌尖后音全靠这个棱。我们这里谈论的这个棱，在发音学上没有专门名称，我们姑且就称其为“棱”，它的含义是：上齿龈与硬腭结合部的突起部分。这个棱的最锐利的部分我们叫作棱锋，棱锋的前面叫齿龈，棱锋的后面是硬腭前部。

舌头上，首先要记住舌叶，如图 4 所示：

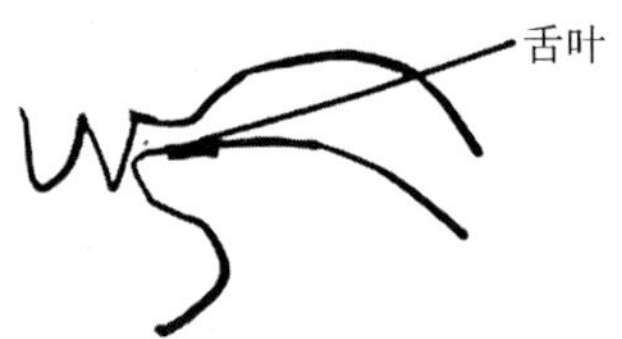

图 4　舌叶位置示意图

舌叶前边是舌尖，后边是舌面。舌叶之所以重要，是因为普通话中没有舌叶音而许多其他语言中有，学生经常把我们的某些音错成他们的舌叶音。

我们前面说过，声母里边最难教的是舌尖前音、舌尖后音和舌面音。有了上面这些铺垫，现在我们就可以讲这三组声母的发音了。这三组声母都容易与舌叶音相混，我们先来认识舌叶音的发音部位。

图 2 那样的图给学生画一次就行，目的是让学生了解发音器官的全貌。讲解某个具体音的时候可以只画出相关的发音部位，就如图 5 这样：

图 5　舌叶音示意图

图 5 显示，舌叶贴近棱锋形成阻碍就形成舌叶音，英语的 chair（椅子）的起首辅音［tʃʻ］就是舌叶音。如果你面对的是英、美、韩、日学生，可以预测的偏误是他们不约而同地把“三”读作［ʃān］，把本来读［ʂān］的“山”也读作［ʃān］。他们的语言中没有我们的舌尖前音和舌尖后音，但有一组舌叶音，而舌叶音位于舌尖前音和舌尖后音中间，离我们这两组声母都近，所以这两组声母很方便地错成舌叶音。而且，他们的母语中也没有我们的舌面音 j、q、x，他们往往把这组声母也错成舌叶音。这就提醒我们教学中要千方百计使舌叶避开棱锋，以免形成舌叶音。实践证明，有效的做法是给出舌位图，并在图上夸张地显示出那个“棱”，同时告诉学生发音时不可以用舌叶接触到那个棱。

下面是 zh、ch、sh、r 这组舌尖后声母的舌位图：

图 6　舌尖后音示意图

这个图非常直观地告诉学生，发这组声母时舌尖要放在棱锋后面。只要这样设定了舌的位置，他就只能发出正确的 zh、ch、sh、r 来，想发错都做不到。有了这张图，就不需要再作过细的讲解。千万不要告诉学生卷舌，如果你告诉学生卷舌，学生会把舌位设定为图 7 那样：

图 7　舌尖后卷舌音

结果就是你会听到一个过分卷舌的非常不自然的音。以前说卷舌，目的也就是想让学生把舌尖撤到那个棱的后面；现在舌尖的位置已经用图清晰地显示出来了，就不要再说卷舌了，以免学生卷得过分还不好纠正。

也不要告诉学生在发 sh 和 r 时舌尖与棱锋后要留出一个缝儿，实践证明，学生在模仿发音的过程中这一动作会自然发生。也就是说，教 zh、ch、sh、r 这组声母只用图 6 一张图就能圆满完成。

舌尖前声母 z、c、s 的发音部位是舌尖稍后一点儿的地方与上齿龈的前部构成阻碍。造成这样的阻碍可以通过两个途径达到：第一个途径是舌尖抵住上齿背，如图 8。

图 8 舌尖前声母发音部位（1）

第二个方法是舌尖抵住下齿背，如图 8 所示[①]。

图 9 舌尖前声母发音部位（2）

既然有两种方法，哪种方法好呢？杜青《普通话语音学教程》（第 117 页）："发 z、c、s 时，可以有两种方法：一种是将舌尖抵在上齿背后及齿龈前处形成阻碍；一种是将舌尖前端抵在下齿背后，其稍后的部位隆起与上齿龈前接触形成阻碍。后一种方法较之前一种方法更容易做一些，也更容易发准一些。"一般《现代汉语》教材讲的都是第一种方法，但笔者对中文系本科生的调查表明，在语言实践中两种方法都有人在用。在汉语作为第二语言的教学中第二种方法的优势尤其明显。图 8 显示的是第一种方法。从图上可以看到，舌尖抵上齿背时，舌叶离棱锋很近，发音过程中二者极容易接近，而它们一接近，就成了舌叶音了。笔者曾在三个韩国学生的协助下试验过此种方法。这三个韩国学生都把 z、c、s 发成韩国语的ㅈ［tʃ］、ㅊ［tʃ'］、ㅅ［ʃ］（一组舌叶音）。第二种方法就不一样了，舌尖抵下齿背使舌叶下降，棱锋与舌叶的距离被拉开了，想接触都做不到了，这就有效地避免了舌叶音。所以，在对

① 发 z、c、s 时上下齿基本是闭合的，当舌尖抵住下齿时，舌尖的上侧面与上齿龈是有接触的，这个图为了表现舌叶与上齿龈的分离，故意画得夸张了一些。事实上，只要舌尖抵住下齿背，其他条件就自动形成了。

外汉语教学中我们推荐第二种方法。

j、q、x 的舌位如图 10 所示：

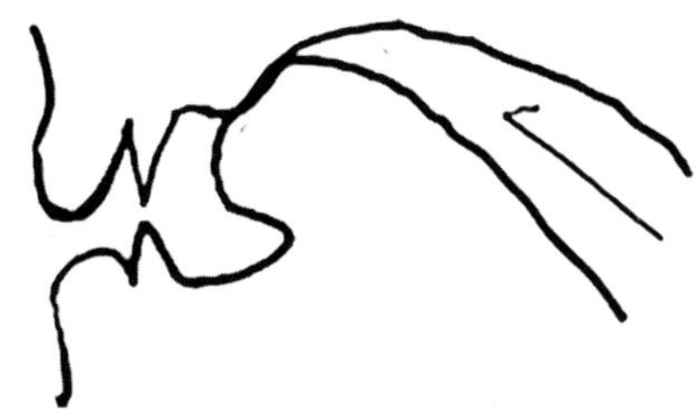

图 10　舌面音声母发音部位图

由于 j、q、x 是舌面音，在图上发音部位不像舌尖音那么容易看清楚。如果靠图 10 没有解决问题，可以辅之以带音法，就是借助舌面前高不圆唇元音“i”来发这组音。“i”在舌位前后与 j、q、x 相当，只是在高低向度上比 j、q、x 矮一点儿。具体操作是这样的：让学生先发“i”并延长它，在发音没有中断的情况下，突然变为“ji”，这样就把“j”带出来了。老师要先作示范：

i—ji

i—qi

i—xi

经过这样的反复操练学生就可以准确地掌握这组音。

j［tɕ］、q［tɕʻ］、x［ɕ］这三个音在某些语言的辅音表上可能找不到，但它们往往以音位变体的身份存在于这些语言中。如果你能找到那个变体出现的音节，并告诉学生就是他们这个音节里的这个音，学生马上就可以掌握。比如韩国语的辅音表里没有 j［tɕ］、q［tɕʻ］、x［ɕ］这三个音，与这三个音相近的是一组舌叶音ㅈ、ㅊ、ㅅ，可是当这组辅音与它们的前高不圆唇元音［i］相拼时，就是 j［tɕ］、q［tɕʻ］、x［ɕ］这三个音，就是说在韩国语ㅈㅣ、ㅊㅣ、ㅅㅣ这三个音节里的ㅈㅊㅅ就读 j［tɕ］、q［tɕʻ］、x［ɕ］。当老师拿汉语的 ji、qi、xi 这三个音节与他们的ㅈㅣ、ㅊㅣ、ㅅㅣ对照时，学生就会突破字母符号形式的限制，体会到它们音值的一致性，从而顺利学会这三个声母。这也启示我们，了解学生母语的语音系统对于一个汉语老师来说有多么重要。

有的学生发舌尖中音 d、t、n、l 也有困难，老师可以借助图 11 来帮助他。

图 11　舌尖中音声母发音部位图

以上我们讲了汉语最容易出问题的几组舌音声母的教法，要强调的是两点：

（1）发音部位靠图示，汉语教师要像心血管科医生熟悉常见心电图一样熟悉这些发音部位图，每组声母的发音部位图一定要做到可以随手绘制。

（2）从学生母语里边寻找与我们声母一致的变体，通过对应让学生知道那个音他原本就会发。

9.2　韵母教学探索

9.2.1　单韵母教法

汉语韵母教法的难点集中在单韵母上，在讲授单韵母时只要教准了复韵母和鼻韵母就不会有太大的问题。教授单韵母之前最好能够了解学生母语的元音系统，这样就会对学生可能出现的偏误心里有数，在这个基础上才能在备课过程中准备好有效的应对预案。单韵母主要是舌面元音，舌面元音系统靠舌面元音图反映出来。图 12 刻画的是汉语的 7 个舌面元音：

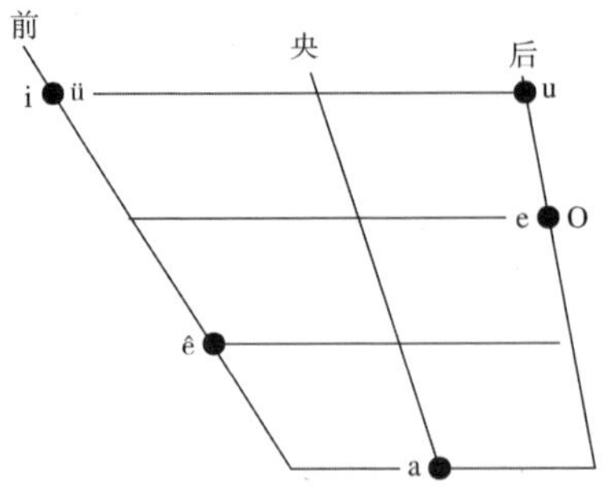

图 12　舌面元音图

对于一个汉语教师来说，能够看懂并牢固掌握这个图非常重要。心里有这张图，你才会判断学生偏误的方向，才会提出有效的纠正偏误的办法；将学生母语的舌面元音图与这张图对比，才会预测可能的偏误，从而提出有效的应对预案。下面这张图是汉日舌面元音对比图，内圈是日语的 5 个舌面元音，外圈是汉语的 7 个舌面元音。

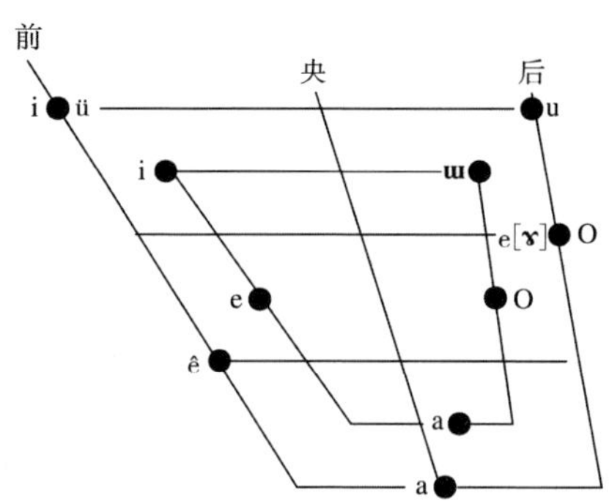

图 13　汉日舌面元音对比图

从这张对比图上可以预测到下列偏误和困难：

a. 日语没有后高圆唇 u，日本学生发这个音会有困难。可能出现的偏误是用他们的 ɯ 来代替汉语的 u。应对预案是：如果真的出现了这种偏误，要指导学生把口型再收小一点儿同时要努力圆唇。

b. 汉语和日语都有 i，但日语的 i 与汉语的 i 比较起来，口型略大，舌位也略靠后。和英语里的 i 一样，它的国际音标不是［i］而是［ɪ］。可能出现的偏误是，学生用他们的［ɪ］代替汉语的 i［i］，应对策略是忽略稍微靠后这个缺陷，让学生把口型收小，就是让学生发音时在他们发的音的基础上把嘴再闭上一点儿。

c. 从图上可以看出，日语舌面元音系统中没有舌面后半高不圆唇 e［ɤ］这个元音（就是“gē”这个音节的韵母），日本学生发“gē，hé，shě，lè”这样的音节会有困难。可以预测的偏误是学生会用它们的 ɯ 来代替汉语的 e［ɤ］，应对策略是让学生在发音时把嘴张大一点儿，可以让学生咬着小指发。

d. 从图上还可以看出，日语没有舌面前高圆唇元音 ü，学生发“jū，qú，xǔ，jù，jūn，juàn，nǚ，lǘ”这样的音节会有困难。训练 ü 通常使用“带音法”，先把 i 发准，然后要求学生在 i 的基础上圆唇——从 i 过渡到 ü，伴随老师的口型示范，过渡要快，最后达到扔下 i 发出 ü 的目的。此法甚为有效，前提是 i 要教准。

e. 从图上还可以看出，日语的 o、a 与汉语的 o、ɑ 也不同：日语的 o 比汉语的 o 口型大，而且不那么靠后；日语的 a 比汉语的 ɑ 口型小。这些区别不造成意义的不同，对一般教学对象可以忽略；但如果你的任务是培养日本本土汉语教师，那你最好还是取法乎上，告诉他们发 o 时口型稍稍收小一点儿，而在发 ɑ 时口型略微再张大一点儿。

舌面单韵母中 ê [ɛ] 只给“欸”这个汉字注音，而且这个汉字即使读成“ei”也没关系（词典注明可以读这个音），所以这个音不是重点。

如果前边的图没看懂，这里说的这些话你也不会懂，那么基于语音对比的偏误预测及相应的纠偏策略都无从谈起。如果这种情况真的发生了，我建议您放下此书，去读一本《语言学概论》（任何一本），只读“语音”这一章，重点弄懂下列内容：什么叫标准元音，舌面元音图的每条线代表什么意义。接下来您再读一本《现代汉语》（任何一本），只读“语音”这一章。

汉语单韵母还有两个舌尖音和一个卷舌音。舌尖韵母-i [ɿ]、-i [ʅ] 很多语言里没有，比较难教，但它们只出现在 zi、ci、si、zhi、chi、shi、ri 这 7 个音节里，而这 7 个音节教学上是作为整体认读音节处理的，就是说不必单独认识这些音节里的“-i”，只要这些音节里的声母发准了，顺势发出这些韵母是没问题的。这里关键的是提醒学生不要把这些音节里的“-i”当作舌面前高不圆唇的“i [i] ”来与声母拼合。教学实践中这种事情经常发生（因为写作同一个字母的关系），教师需要经常提醒。

卷舌元音 er，这个音本身不难发，它自成音节，用它注音的汉字共 23 个（依据《现代汉语词典》），其中常用的就只有“二、而、尔、儿、耳、贰、饵、迩”这么 8 个，所以这个音既不是难点也不是重点。

9.2.2 复韵母教法

复韵母共 13 个，分三类：

前响复韵母：ɑi，ei，ɑo，ou。

后响复韵母：iɑ，ie，uɑ，uo，üe。

中响复韵母：iɑo，iou（iu），uɑi，uei（ui）。

比较起来，后响复韵母最好教，这些复韵母里边的每个音素在相当大的程度上还都保持着自己的特性，因此在单韵母基础上拼读就成。

相对来说前响复韵母不好教，它们的后一个音素只代表滑动方向，而不是发音的结束点。以 ai 为例，这个韵母发音过程是口型从大到小，可是它的结束点并没有到达 i，而是提前结束了。请读者按下列方式自己体会一下：发一个标准的 ai，发音结束时将这一时刻的口型定格（保持那一时刻的口型不变），这时你就这个口型发 i，你会听到这样一个 i［ɪ］，就是英语、日语里的 i。这个 i［ɪ］比汉语的 i 口型要大一些。如果把 ai 里的 i 发足，那听上去就不像 ai 了。这些道理老师自己要懂，但不一定讲给学生。这组韵母的教学方法是让学生读快、读短。读短就会在还没到达 i 时就结束，而这正是我们想要的效果。

如果前响复韵母教学顺利，中响复韵母就不成问题了，与韵头拼读就可以顺利生成。所以，复韵母的教学顺序本着由易到难的原则应该是：后响复韵母＞前响复韵母＞中响复韵母。

9.2.3　鼻韵母教法

鼻韵母共 16 个，带前鼻音韵尾-n 的有 8 个，带后鼻音韵尾-ng［ŋ］的有 8 个。鼻音韵母教学对英语背景的学生没有困难，但对于某些母语背景的学生有困难，比如日本学生的困难在于他们的母语里有三个鼻音——舌尖中鼻音［n］、舌面鼻音［ɳ］、舌根鼻音［ŋ］，韩国学生母语里有 m 韵尾。这都需要通过从他们母语里找到与我们两个鼻音对应的变体来解决。

9.3　声调教学探索

9.3.1　声调的教学顺序

教学界有两种主张。一种主张是“一声＞四声＞二声＞三声”。一声在整个发音过程里音高无变化，最容易发。去声音高虽有变化，但那个变化一路降低，也较简单。二声起点不太好确定，所以比四声难。三声起点同样不好确定，而且有降升交替，因此最难。按照“一声＞四声＞二声＞三声”这种循序教学体现了先易后难的原则。另一种主张按照“一声＞二声＞三声＞四声”的自然顺序教学，因为教声调往往采用“ā、á、ǎ、à”这种唱调的方法，“一声＞四声＞二声＞三声”这种顺序不便于唱调。我们推荐“一声＞二声＞三声＞四声”这种教学顺序。

9.3.2 声调教学前的训练

我们知道声调是由声带的张弛变化形成的，母语无声调的学生对制造声带的张弛变化不那么熟练。针对这种情况，可以先作点儿“声带操”训练。具体做法是：借助元音 a 从最低起到最高（1 度—5 度），然后从最高回到最低（5 度—1 度）。反复这样练习一会儿后，在中间拐弯儿，比如“5—3—5”“1—3—1”。这样做的目的就是给声带热热身。

9.3.3 调值的准确度问题

调值要尽量教准，但学生有不到位的情况通常不必太较真儿。一声不一定要发到 55。石锋教授的实验表明，北京人的一声也没有达到这个高度，其他方言区就更不用说了。学生如果把三声发成 212，已经能够清楚地区别意义了，就不必再纠正他。但无论如何调型要对，无论是 55 还是 44，反正要平；三声无论 214 还是 212，必须要有降升交替。这也要看对象，如果你是在教师培训班上讲课，最好还是严格一些。

9.3.4 如何解决声调教学的困难

如果面对的是大学生，你可以给他讲讲声调的原理；如果是一般学生，声调教学只能靠模仿。如果学生模仿不上来，你可以通过发掘学生母语里的相关资源来解决问题。比如以英语为母语的学生，如果他不会发四声，你让他放慢读“let's——go”这个英语句子，此句中那个“go”就是四声。或者你让他在读“sit down”时刻意重读那个“down”，也有同样效果。或者让他读“I am a teacher, too.”，让他从这个“too”上体会四声的调值。办法多的是。

如果学生读不好二声音节，那更好办了，单读一个英语单词时都有升调、降调两种读法，升调相当于我们的二声（当然，未必严格等于，但调型一致），降调相当于我们的四声。你可以让学生用升调读“too”这个单词，然后你告诉他这就是二声。你也可以让他读出“Is this yours, too?”这个英语句子，并提醒他体会这个句子里的“too”，这个“too”也是中升调，与我们的二声的调型是一致的，你告诉他这个句子里的“too”就是二声。

三声最难，因为它拐弯儿（降升交替），你可以让学生以慢放的动作读“Are you a teacher?”，并提醒他认真体会这个“are”。这个“are”就近似我们的三声。或者让学生慢读“Do you know?”这个句子，并体会这个“do”，它也接近三声。

一声是最好教的，可以说他们母语里所有的词都是一声，只是因为没有其他声调的对立，才没有构成声调系统。

总之，对以英语为母语的学生我们可以用他们熟悉的材料来教，问题的难度骤然降低；对非英语母语的学生这个办法也有效，因为学生往往都会一点儿英语。对这部分学生如果你能从他们的母语里发掘材料进行上面这样的操作，效果会更好。

9.3.5 轻声教学法

轻声，汉语学术界的基本共识是它不属于声调，汉语普通话并没有第五声调，在《现代汉语》教科书里轻声都放在音变一节里处理。这样做的理论依据是声调的物理基础是音高，而轻声的物理基础是音长。从这个角度来说教科书的处理是无可非议的，可是这样处理在对外汉语教学中很不方便，因为讲轻声必然要联系到其他声调。比如我们告诉学生“儿子”的“子”不读三声，而读轻声，这不是把“轻声”和“三声”放在一起比吗？不是同类的东西能比吗？所以教学上把轻声算作声调有它的方便之处。轻声的定义是“在一定的条件下读得又短又轻的调子”[①]，轻声既然是“调子”，其他声调也

① 黄伯荣、廖序东主编《现代汉语》（增订二版）上册104页。

是“调子”，从定义上它们就没分开。声调的一个必不可少的要素是调长，轻声的特点是调长短，就算轻声属于音变范畴，可它毕竟还是声调这个范畴里的音变。所以，把轻声放在声调里讲，理论上也不是完全说不通的，更何况还有教学上的方便。

对轻声的声学本质的认识经历了一个过程，胡裕树主编的《现代汉语》1981 年出版的增订本对轻声的定义还是：“普通话的每一个音节都有它的声调，可是在词或句子里许多音节失去原有的声调而读成一个较轻较短的调子，这就是轻声。”（请注意：定义里“轻”在前、“短”在后）该教材 1987 年版、1995 年版定义依旧。黄伯荣、廖序东主编的《现代汉语》1991 年版的定义是“在一定条件下读得又轻又短的调子”（请注意：定义里“轻”在前、“短”在后），这与胡裕树主编本一致。到了 1997 年的第 2 版改为：“在一定条件下读得又短又轻的调子。”（请注意：这个定义里“短”在前、“轻”在后）。从“又轻又短”到“又短又轻”是本质性变化，前者把音强看作轻声的物理基础，后者把音长看作轻声的物理基础。这一变化与北京大学林焘先生 1983 年的一个试验有关。林焘先生 1983 年发表《探讨北京话轻音性质的初步试验》，在这篇论文中，林焘先生采用心理—声学的试验方法，考察了音长、音强和音高三种物理要素在北京话轻音音节中听辨中的作用，试验结果否定了长期以来存在的音强与北京话轻音相关的看法。林焘先生指出，“音长是听辨北京话轻音最重要的参数，在音长的制约下，音高与轻音的听辨有一定关系”①。

我们发现，这项成果成为学界共识的 20 多年以后，对外汉语教学界还没有吸收这个成果。华语教学出版社 2003 年出版的吴中伟主编的《当代中文》是国家汉办规划教材，该教材第 1 册 13 页对轻声是这样说明的：“Some syllables are pronounced in a low and unstressed tone, known as the neutral tone (qīngshēng), which is shown by the absence of a tone-mark.”这个定义强调轻声音高低（low）、音强小（unstressed），而没有提到它的最主要特征音长。2008 年由世界汉语教学学会审定、商务印书馆出版的实用汉语师资培训教材《汉语可以这样教——语言要素篇》31 页：“轻声是在汉语普通话里很常见的一种音变现象。它不是四声之外的第五种声调，而是四声的一种特殊

① 王韫佳（2007）。

音变，即在一定条件下读得又短又轻的调子。”我们经常看见有的汉语老师顾名思义地认为轻声就是读得轻。当他觉得学生读的轻声不像个轻声时，就会告诉学生轻点儿，再轻点儿，可是学生无论读得怎么轻听上去都不像个轻声。这时他没办法了，就不了了之了，随便打开一个教学视频都可以验证这里的说法。

其实轻声是最好教的，只告诉他两个字：读短（read the syllable as short as possible）。当把一个音节读得特别短时，听上去就是轻声。读者可以自己试验一下，“桌子”里边的“子”是轻声音节，你读“桌子”时，无论你在“子”这个音节上多么用力（你可以任意加大音强，你可以故意让那个“子”比正常读三声的“子”音强还重），只要你读短，你读出的都是轻声的“子”。

鉴于“轻声”这个术语不能反映轻声音节的声学本质，又有误导的弊病，我们建议改叫“短声”。即便术语不改，汉语教师也要心里清楚：其实，那是个短声！

轻声教学法只有两个字：读短。

9.3.6　关于洋腔洋调问题

洋腔洋调很难彻底避免，但要了解问题的根源，然后才知道怎样去尽量避免。洋腔洋调问题主要是声调问题，当你把句子里的每个音节都读一声时，马上就形成洋腔洋调。读者可以试试用一声读“你好！”，如果你的学生个个都洋腔洋调很严重，说明你的声调教学很失败。

9.3.7　变调问题

三声和四声都有变调问题，四声变调可以不管，三声里也只处理上上相连的一种情况（33→23）即可。

单字变调“七、八”可以不管，“七万”读“qí wàn”或“qī wàn”都行。但“一、不”的变调不可忽略，二者有共同的变调规律：

●在去声前一律读阳平：

一月　一向　一致　不错　不去　不怕

●在非去声前一律读去声（“不”读去声是本调）：

一家　一直　一笔　不说　不行　不好

●在中间都念轻声：

看一看　说一说　吃不了　行不通

要想让学生掌握这种变调规律，除了进行大量的训练之外没有其他办法。

9.4 “拼写规则”的教学问题

我国小学教材在教汉语拼音的时候设置了 16 个整体认读音节，分别是 zhi、chi、shi、ri、zi、ci、si、yi、wu、yu、ye、yue、yuan、yin、yun、ying。可是在对外汉语教学中，zi、ci、si、zhi、chi、shi、ri、yi、ya、ye、yao、you、yan、yin、yang、ying、yu、yue、yuan、yun、yong、wu、wa、wo、wai、wei、wan、wen、wang 29 个音节都作整体认读处理①。这些音节为什么作整体认读处理大致有这么几种原因：

●为了避免单独学习某些较难掌握的元音。比如把“zi、ci、si、zhi、chi、shi、ri”处理为整体认读，是为了避开学习舌尖元音-i［ɿ］和-i［ʅ］的困难，同时可以避免这些音节里的“-i”与舌面前高不圆唇元音“i”相混。从这里可以看出，拼音方案把读音迥异的［i］、-i［ɿ］和-i［ʅ］归纳为一个音位用一个字母标写给汉语教学带来了多么大的不便。

●为了隔音的需要。yi、ya、ye、yao、you、yan、yin、yang、ying、yu、yue、yuan、yun、yong、wu、wa、wo、wai、wei、wan、wen、wang 这 22 个整体认读音节针对的是齐齿呼、撮口呼、合口呼韵母自成音节的情况。拼音分词连写时，这些零声母音节接在别的音节后面时会出现音节界限不清的情况。比如用拼音记录“翻译”这个词，若写作“fānì”就容易误会为“发腻”，而写作“fānyì”音节界限就清楚了。再如“鲜艳”若拼成“xiāniàn”，因为音节界限存在两种可能，则有解读为“瞎念”的可能，写作“xiānyàn”音节界限清楚，就不至于误解。y、w 不是声母，是起隔音作用的符号，其使用规则如下：

---

① 参见吴中伟《当代中文》第 1 册 8 页、17 页、23 页以及与该教材配套的《教师手册》第 56 页。

A．齐齿呼、撮口呼前边没有辅音声母时，用 y 开头，其规则为：

a．把 i 改作 y。

当 i 后面还有元音时，把 i 改作 y，如 ia→ya、ie→ye。

b．在 i 前加 y：

当 i 后面没有元音时，在 i 前加 y，如 i→yi、in→yin。

c．ü 行韵母自成音节时，在前加 y 并省略 ü 上的两点：

如 ü→yu、üan→yuan。

B．合口呼在前边没有辅音声母时，用 w 开头，其规则为：

a．当 u 后有元音时，把 u 改作 w，如 uan→wan。

b．当 u 后没有元音时，在 u 前加 w，如 u→wu。

对外汉语教学中一般不教这些拼写规则，其原因不难理解：一是规则多，不好记；二是面对一般教学对象（比如中小学生），什么是元音很难跟他说清楚，即便说清楚了，系统里又是元音又是韵母，也会造成不小的麻烦。因此，拼写规则在教学实践中很难贯彻。这样就只能死记硬背（我们知道，外国学生是最不喜欢背的），除了背 21 个声母、39 个韵母以外，还要背 29 个整体音节，给学生增加了不少负担。

为了解决齐齿呼、撮口呼、合口呼音节的界限问题，使用了 y、w 这两个字母（有的出版物竟把它们叫作声母），而如何使用这两个字母大大小小设置了 5 条规则。其实拼音方案里为了明确音节界限还有一条规则，就是开口呼韵母位于其他音节之后时为了避免音节界限不清要使用隔音符号，如“西安”要写作“xī'ān”。这样算下来，拼音方案为了使分词连写的音节界限清楚，共设置的规则多达 6 条，这是《汉语拼音方案》的最大败笔（当然还有其他败笔，比如 ü 上两点省写规则，iou、uei、uen 韵腹省写规则等，都属于徒增麻烦的冗余规则，都应该使用奥卡姆剃刀剔除①）。若将隔音符号同样用于其他

① 奥卡姆（Ockham，1285—1349），英国逻辑学家，他提出的建立一个系统的原则被称为奥卡姆剃刀定律（Occam's Razor，Ockham's Razor）。这个定律只有一句话：“如无必要，勿增实体。”就是说一个系统要尽量简单有效。他主张“切勿浪费较多东西去做用较少的东西同样可以做好的事情。”（《箴言书注》2 卷 15 题）奥卡姆剃刀定律被西方学术界视为建立系统时必须遵循的金科玉律。从奥卡姆剃刀定律的角度看《汉语拼音方案》，该剔除的规则太多了，仅涉及 ü 上两点省写的规则就多达三条：

规则 1：j、q、x 后边省写。

规则 2：n、l 后边不省写。

规则 3：y 后边一律省写。

只为在某些情况下省写那两个小点儿，就设了三条规则，人为地使系统陷入复杂化。如果说从前手写时代少写两点儿还可以省下点儿气力和时间，那么在今天的电脑打字时代就连这点儿意义也没有了。

三呼，一条规则就够了。使用 y、w 的一个理由是，i、u、ü 前边没有声母时，具有辅音性，属于半元音。如果是因为这么点儿区别而设置不同的符号，那么就不好解释为什么读音迥异的［i］、-i［ɿ］和-i［ʅ］却使用同一个符号。

那么，有没有可以避开使用“元音”“辅音”这样的术语又能使用拼写规则，从而避免死记硬背大量的整体音节呢？这里介绍一位泰国汉语教师的做法。这位老师在曼谷的一所国际学校教汉语，教来自不同国家的孩子。她的办法是拟人化。她告诉学生，i、u、ü 是三个小 baby。

21 个声母是他们的哥哥姐姐。y、w 是两个妈妈，其中 y 是 i、ü 的妈妈，w 是 u 的妈妈（注意：到这儿就解决了 y 用于齐齿呼、撮口呼，而 w 用于合口呼的分工问题）。a、o、e 是三个大坏蛋（这样设计的用心一会儿就会看到）。人物分工到这里就完了，辅之以与人物身份相应的图片就更生动，就更能吸引孩子注意。然后告诉学生，i、u、ü 这三个小 baby 特别胆小（very timid），因为他们特别胆小，排队的时候一定要猫在哥哥姐姐的后边（注意：这里针对的是齐齿呼、撮口呼、合口呼前边有声母的情况），举“jia、lü、nuan”这样的例子进行说明。可是有的时候他们的哥哥姐姐要上学去，不能站在前边保护他们了。这时，他们的妈妈就来了，妈妈站在他们前边保护他们，他们就不害怕了（注意：这就引进 w、y 了），举“yi、yin、ying、wu”这样的例子给予说明（注意：到这儿还只是解决了何时添加 y、w 的问题）。接下来，她又告诉学生，当这三个小 baby 前边没有哥哥姐姐保护，身后又有坏蛋 a、o、e 时，不仅他们的妈妈要站在他们前边，最胆小的 i、u 还要钻到他们妈妈的肚子里去（绝妙：这样能让 i、u 消失，解决了 i、u 的改写问题），举“yan、yang、yao、wan、wang”进行说明。撮口呼的 ü 并不消失，只是两点省写，她告诉学生 ü 个头儿比较大，不能钻进妈妈的肚子，他总是把头（两点儿）藏在妈妈的怀里，这样两点儿就看不见了。至此，这位老师用拟人化方法解决了 y、w 的用法问题，避免了让孩子死记硬背好多音节，这种拟人化的设计符合孩子的心理。据她说，这样教效果相当好。可是她也承认学生会追问在类似“ju”这样的音节里，ü 的后边没有坏蛋，为什么也看不见“头”，拼音方案里 ü 上两点省写规则给教学造成了太多的麻烦。

9.5　儿化教学探索

儿化教学是一个难题。说它难，不是说儿化音节发声难，而是我们说不清楚什么样的名词要儿化，可是教学中儿化又不可忽略。下面A语段忽略了儿化，B语段考虑到了儿化，读一下就可以体会出两个语段的差别：B像普通话而A不像。

A. 一个小女孩，穿着一双小红鞋，戴着一顶小红帽，嘴里哼着小曲，蹦蹦跳跳地走在大街上，后面还跟着一只小狗。

B. 一个小女孩儿，穿着一双小红鞋儿，戴着一顶小红帽儿，嘴里哼着小曲儿，蹦蹦跳跳地走在大街上，后面还跟着一只小狗儿。

显然，我们应该教学生说B这样的话而不是A那样的话，那么儿化问题在教学中就必须认真对待。

儿化的语法意义可分为三个层次：

称说物件或动物表示小而可爱：小球儿，小鸟儿。

用在“小＋姓＋儿化”结构里表示亲切（但没有敬意）：小张儿，小王儿。

称说职务或较高地位的人表示轻视：科长儿。

困难的是不能凭语法意义决定一个名词能否儿化。“账单儿”和“名单”都是一张纸，谈不上谁大谁小；可是“账单儿”儿化了，而“名单”不能。要论是否可爱，“一肚子坏水儿”能说，“一肚子坏水”不能说，这又不好解释。“猫”可以儿化吗？不一定：

A组

她养了一只小猫儿。

我家小猫儿可会看人脸色了。

她怀里抱着一只小猫儿。

B组

手让我家猫咬了一口。

我喜欢猫。

我不喜欢养猫。

我家猫没有猫粮了，一会儿我得去买点儿。

同样是说“猫”，A组必须儿化，B组绝对不能儿化。可见，要不要儿化还要考虑语境。这就更复杂了。不过也不必太悲观，本体研究在这一块上有一些成果可以利用。毛敬修（1984）把北京话里一定要儿化的词分为两种：

自然儿化：大褂儿，人缘儿，纳闷儿，玩儿，光棍儿，坎肩儿……

带“小”儿化：小猫儿，小鸟儿，小狗儿，小鸡儿……

毛文“自然儿化”这部分《现代汉语词典》都注了“～儿”字样，词典在“凡例”里说：“书面上一般不儿化，但口语里一般儿化的在释义前加‘～儿’。”例如“账面”这个词条，词典是这样处理的：

【账面】zhàng miàn（～儿），指账目。

词典作得比较保守，“账单、账号、账户”都没有标注“～儿”字样，其实口语中它们都要儿化。多年来对儿化的处理形成了这样一个习惯：写时无，说时有；甚至纸面上无，读时也有。“小偷”在任何时候都是儿化词，可是语料库里593个用例中只有21例带“～儿”尾。

要注意的是有两个“儿”，“尖儿、盖儿”里的“儿”是构词后缀，儿化不是指这个“儿”。“猫儿、狗儿”里边的“儿”是构形后缀，它才是儿化的“儿”。“坏水儿”“小偷儿”里边的“儿”与“尖儿、盖儿”里的“儿”是同一个，“儿”是构词后缀，这种词中的“儿”在任何情况下都不可缺少。这部分可以在词汇层面个案处理，就是说教材的生词表上呈现的就应该是“小偷儿、老伴儿、牙签儿、书皮儿、封面儿”，而不是“小偷、老伴、牙签、书皮、封面”。如果教材不是这样处理的，教师应作出修改。

毛敬修（1984）带“小”儿化这部分给我们启发很大，这部分才属于地道的儿化音变。而且，“带‘小’儿化”这个名称本身就指明了儿化的条件：名词前边有“小”修饰。让我们通过阅读下面这个语段来体会这层意思：

沿着这条小道儿，翻过那座小山儿，蹚过一条小河儿，你会看见一个小房儿。这个小房儿有个小门儿，走进这个小门儿，你会看见一个小桌儿，小桌儿上有个小盆儿，小盆儿里有个小碗儿，小碗儿里有两个小梨儿……

“山”不能儿化，但“小山儿”要儿化。“象”不能儿化，但“小象儿”要儿化。总之，名词前边有“小”时，一定要儿化，不管这个名词代表的事物是否可爱（舌头上起了个小泡儿，脸上长了个小包儿）。

●儿化教学法：当名词前边有“小”修饰时，这个名词要儿化。

还有一些在语境相同的情况下可以儿化也可以不儿化的词，如：

买二斤饺子皮—买二斤饺子皮儿

他是单眼皮—他是单眼皮儿

既然两种都能说，儿化教学就不必太关注它。

第十章

词汇教学理论探索

10.1 词汇教学探索

词汇难教，词汇又最重要。语音你可以不那么准、语法可以不那么地道，只要把那几个词“蹦出来”就能达成交际，如果头脑里没有词，就什么都谈不上了。

词汇教学要注意两点：(1) 不能完全依赖学生的母语解释。目前词汇教学的课堂方式是讲解课文后边的生词表。词表上每个单词后边附有与学生母语对应的单词作为解释，学生在预习阶段依赖的就是这个解释。但是，由于不同语言里绝对等同的词语很少，所以词表上的母语释义虽然不可缺少，但同时也要知道它往往是偏误的诱因，这一点教师必须清楚。(2) 要有重点。对词表的处理通常是教师在解决好读音问题后，逐个讲解表上所列生词。这没有问题，但要注意筛选重点。有的单词不用讲，比如“苹果、老虎、蛋糕”这种词只要学生能读准，释义、用法就不必讲解，把课时留给需要讲解的词语。

学生大脑词库中词汇量积累的速度以及学生从中调用词语的能力都与词汇教法有关。词汇怎么教呢？教法是由教学内容决定的，不同性质的词汇要采用不同的教法。比如教具体名词，图画法最佳，而图画法对抽象名词则不适用；教动作动词，演示法（表演法）最方便，而演示法对心理动词则无能为力。下面我们介绍一些词汇教学的方法和技巧。

10.1.1 对话—转述法

词汇教学的重点是讲解意义和用法，而意义和用法是在语境中显示的，所以词汇教学必须借助语境。教学实践中通常用造句的办法来显示一个词的语境，所以一个生词的教学过程大致可描写为：释义→例句。而例句同样需要语境，因而“举例讲解词语时，教师一般会用相当的话语来交代语境，最后呈现给学生的是经过大量铺垫后的例句”①。例句前的“大量铺垫”就是给

① 曹慧（2002）。

出例句的语境。这种“大量铺垫”是很耗时的，在教学上不经济、效率低。这里介绍一种简洁高效的词汇教法：对话—转述法。此法是王光全（2012）提出的，该文要重点解决留学生语段生成问题，但也特别适合于词汇教学。下面介绍的是该文的第二部分。

此法要求设计一问一答的最简对话，用 PPT 呈现出来或写在黑板上，然后转述这个对话的内容，并将目标词语运用在转述中。下面我们用实例来说明此法如何使用。比如想让学生知道什么叫“不情愿”“勉强”，或者你想训练学生使用这两个词语说话，可设计这样一个对话：

实例 1：

大卫：卢西，把你的车借我用一天好吗？

卢西：嗯……可是……可是……，好吧。

学生看了这个对话以后，你问他看懂了没有。如果他说看懂了，你就要求他在纸上写一段话来转述这个对话。如果你是第一次使用此法，学生可能不懂什么叫转述，老师可以自己把转述写出来：

有一天，大卫要借卢西的车用一天，卢西不太情愿，可是没有找到可以拒绝的理由，最后勉强答应了。

告诉学生，这就叫转述，下次你再要求他写转述时，他就知道你让他干什么了。你告诉他卢西的态度就叫不情愿；她最后答应了，这样的答应就叫勉强答应。如果这两个词语已经学过，老师意在训练学生使用这两个词语，就要求学生自己生成语段，利用语境对词语的选择机制把这两个词语从学生的大脑词库中“逼”出来。如果学生没有像老师预期的那样使用这两个词，即出现了学生“不上道儿”的情况，就说明目标词在学生的大脑词库中处于低可及性（accessibility）状态。老师在修改学生的语段时可以把这两个词语用上，这时学生的心理活动可能是：“对呀，我怎么没想到用这两个词语呢？”这正是我们希望的状态，然后老师马上换一个类似的对话，比如：

实例 2：

约翰：哎，玛丽，放学后一起去看电影好吗？

玛丽：嗯……可是……，那好吧。

这次老师心目中的两个目标词语都会出现在学生的转述中。如果老师想趁机扩大战果，可以将实例 1 的对话稍加改动，成为下面这个样子：

实例 3：

大卫：卢西，把你的车借我用一天好吗？

卢西：没问题，这是钥匙。

让学生转述这个对话，前边的“不情愿”“勉强”就都用不上了。这个对话的转述文本应该是这样：

有一天，大卫要借卢西的车用一天，卢西爽快地答应了。

如果学生还没学过“爽快”这个词，你可以告诉学生，这时卢西的态度就叫“爽快”；如果学生已经学过这个词，这便是一次使用训练。“这里的‘爽快’和上一例的‘不情愿’‘勉强’形成鲜明对比，在对比中更有利于学生认知目标词的语义特性。就这样，雪球会越滚越大，学生的积极性会越来越高。”（王光全，2012）

如果你的目标是训练学生使用“犹豫了一下”这样一个常见组合，实例 1 仍然适用。如果你的目标是训练学生使用“毫不犹豫”，实例 3 仍然适用。所以，学生给出一种转述以后，问问学生还有没有其他方式的转述，可以将对话材料的效用最大化。

由于编写一问一答的对话极其容易、简便，此法可使老师轻松地达到教学目的。

对话—转述法与传统词汇教法相比有哪些优势呢？其优势极为明显，主要表现在以下几点：

（1）语境呈现简洁，省时，省力。一问一答的对话文本简洁，极易制作。一个对话就像一个录像片段，呈现的语境完整、直观。如果不用对话—转述法，想象一下，老师要说多少话才能铺垫出适用于“不情愿、勉强”的语境？实例 1 中，只通过卢西的“嗯……可是……，好吧”这么一句话，不仅显示了“不情愿、勉强”的意义，而且给出了两个词语的恰当语境，简洁、省时、省力的特点一目了然。

（2）对话—转述法在语段中而不是在孤立的句子中训练词语的使用。从上边所举实例中可以看出，“转述”部分不是一个句子，一个句子完不成转述一个对话的任务，因此“转述”部分都是一个简单的语段。学界的共识是，从句子到语段会遇到一个瓶颈，学生往往会说单个的句子，却不会说成段的话，在这个阶段往往会出现“化石化（fossilization）”现象——停止发展。

人们想出各种办法来进行语段（篇）教学，以期帮助学生穿越从句子到语段这个瓶颈。事实上，这个瓶颈在很大程度上是教学程序的必然结果。我们把造句和成段表达人为地划分为两个阶段，在讲解词语时老师给出的是单个的句子，要求学生说出的也是单个的句子。在零起点的第一学期，学生单词量有限，我们不得不这样做，进入第二学期就不宜这样做了，在词汇讲解训练的各个环节里都要有语段意识，要让学生一套一套地说话，而不是只会说单个的句子。对话—转述法迫使学生说语段，因为单个的句子完不成转述，他必须说一段话。这样训练下来，我们上文所说的瓶颈、化石化问题自然就不存在了。

使用对话—转述法应注意下列问题：

（1）对话里不要有生词和学生还没学过的句式或者过于复杂的句式，不要让学生在理解对话上有困难。老师要时刻记得自己的训练目标，不要在通往目标的道路上设置任何障碍。读者可能认为这是一句废话，谁会给自己设置障碍呢？让我们来分析一个实例：一本教人如何教汉语的书讲到怎样教可能补语时，作者写道："老师可以对一男生说：'你朋友的汽车没电开不了，他想请你帮他推一推汽车好让他把汽车发动起来，你推得动推不动？'"这里最后一个分句"你推得动推不动"是训练点，前边两个分句都是铺垫。请注意观察第二个分句，这个分句含两个兼语结构，第二个兼语还内含一个"把"字结构，同时这两个兼语又构成连动。在这个分句中，连动、兼语、"把"字结构缠套在一起，学生理解它的困难可想而知。在铺垫部分就把学生难住了，后边的训练点还落实得了吗？所以一定要记住，铺垫部分一定要从用词上和句式选用上把理解的难度降到最低，以免学生在铺垫部分卡住，这样他才能将精力集中于我们的训练目标上。

（2）学生的转述常常出现用词不当、读音不准的情况。这里要注意的是，不要在此时出手纠正，只需关注他目标词的使用是否得当即可。此时纠正，是一种干扰。但老师对这些偏误要心中有数，找一个恰当时间纠正他。

（3）对话只限于一问一答。由于对话短，转述容易，学生会轻视这个任务，从而会积极参与进来；对话长了，转述的任务太重，会影响学生参与的积极性，他有可能"缩回去"。对话只是训练的工具，工具总是越轻便越好，从这个角度说，对话也是越短越好。我们这是在讲词语教学，如果将对话—

转述法用于高年级写作训练，一问一答有时就显得太短了。这一点我们在写作训练这部分会谈到。

(4) 对话内容尽量与学生相关。人最关心的是与自己有关的事，其次是周围人的事。想一想，把实例 1 里的大卫、卢西换成班里两个同学的名字会怎么样。如果对话中扮演卢西的那个同学冒出一句“我可不是那么小气的人!”，课堂就热闹起来了。对外汉语课堂怕冷寂，不怕热闹。下次编对话再换两个同学，让每个同学轮番出现在对话里，如果对话里的事情也与学生的生活相关，那就更好了。

对话—转述法的应用我们再举几例。

实例 4：讲解“邀请，拒绝”

大卫：卢西，一起跳一支舞好吗?

卢西：哦，对不起，我有点儿累了，你找别人跳吧。

转述：舞会上，大卫邀请卢西一起跳舞，被卢西拒绝了。

实例 5：讲解“婉言，谢绝”

大卫：听说海啸给你家造成了很大损失，这是同学们凑的一点儿钱，希望对你有帮助。

木村：家里虽然有损失，但生活还没什么问题。钱我不能收，但我谢谢大家。

转述：听说木村的家乡发生了海啸，木村家损失很大，班里的同学们捐钱帮助他，但被他婉言谢绝了。

实例 6：讲解“佩服，羡慕”

大卫：卢西，跟你分享一个好消息，我的 HSK 6 级考了 280 分。

卢西：你太棒了，我要是有你那两下子就好了。

转述：大卫告诉卢西自己的 HSK 6 级考了 280 分，卢西很佩服他，也很羡慕他。

实例 7：讲解“心情，冲动”

亨利：你干吗一直走来走去，我都没办法读书了，求你安静一下好吗?

大卫：闭嘴！看不出来我很烦吗?

转述：大卫心情烦躁，在屋里走来走去。正在读书的亨利要求他安静一下，亨利突然变得非常冲动，对大卫大吼起来。

实例 7 在完成转述后，找两个同学分别扮演亨利和大卫到前边去演一下，既能活跃课堂，又能更直观地显示词语的意义，效果更好。每个对话都可以让学生演一下，因为只有一问一答，台词简短，无须排练，既增强教学效果又不会耗费太多的课时。

10.1.2 图画法

对话—转述法不是万能的，对于某些词群还有比这更恰当的方法，比如教具体名词，图画法可能是最佳选择。

具体名词教学首先要充分利用教学环境。有的教材配备了精美的教学挂图，像挂历一样精美，桌子、椅子、头、鼻子、耳朵、嘴……都印在图上。这是一种浪费，因为“桌子、椅子”在教学环境里都有实物，就算你在家里教学，这些东西也都是现成的，随手一指就成。“头、鼻子、耳朵、嘴”等等，更是人人具备，哪里还需要挂图呢？如果你真的把“桌子、黑板、头、鼻子、耳朵”这样的挂图拿出来教学，大一点儿的学生即使不笑话你也绝不会为你加分。备课准备卡片的时候，教学环境里有的东西、我们自己身上有的东西就不必准备了，要时刻记着把对教学环境的利用最大化。

有的具体名词在教学环境里没有实物，教材又没有学生的母语注释，讲解这样的名词最方便的方法是教师当场手绘简笔画。教学视频上一位老师为了讲“菠萝、杧果”这两个词，大概是她没有找到相应的卡片，居然买了这两种水果带到课堂上去。我们还看到有的老师为了教“蛋糕”这个词，居然把一个大蛋糕带到课堂上去。教“菠萝、杧果、蛋糕”这样的词还可以买实物当教具，教“老虎、火车”这样的词该怎么办呢？所以，画简笔画应视作汉语教师的必备技能。当你在几秒之内寥寥几笔将一个茄子画到黑板上时，你会获得掌声，你会获得学生的加分，学生佩服的是这种老师而不是那种只会举卡片的老师。

图画法不仅可以用来教具体名词，还可以用来教方位名词。静态的方位关系（比如“桌子上边有一本书”）可以借助实物来演示，若动态的方位变化用简图最好。比如一个人在 A 这个位置，他想去火车站，而他不知道火车站在哪，请告诉他该怎么走。学生在做这种演练的时候，“往前走，往右拐，往左拐……”都是必须用的。

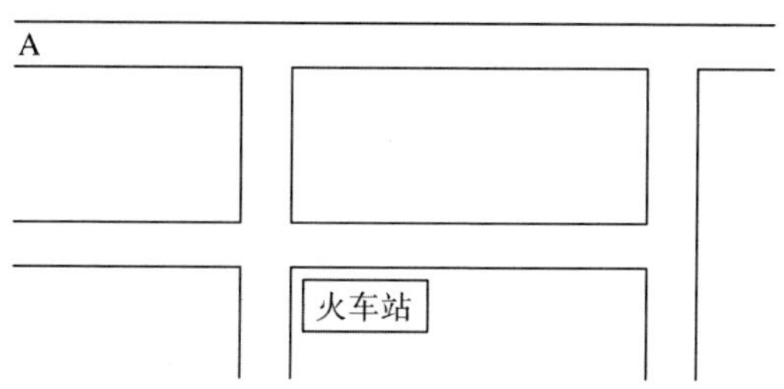

10.1.3 数轴法

画一个数轴：

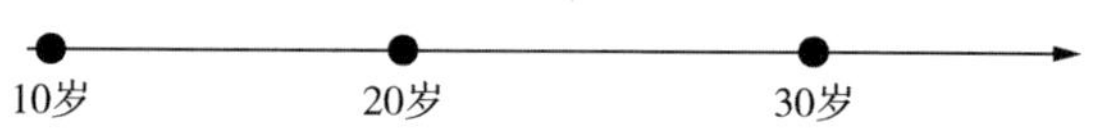

数轴法特别适合用来讲概数表达法，比如我们用这个数轴代表人的年龄，三个点分别代表 10 岁、20 岁、30 岁。老师朝代表 10 岁那个点上一指，给出指令：“说!”如果学生没理解你的用意，你就自己说：“10 岁。”然后，你指向 20 岁那个点，要求他：“说!”他会顺利地说出“20 岁”。这样他就对整个数轴都熟悉了，也适应了你的训练方式了。这时你朝数轴的 a 处一指，要求他：“说!”他就不会了。这时你说：“10 多岁。”接着你指向 b 处，他又懵了，老师自己说：“10 多岁。”然后，你指向 c 处，这回他知道了：“10 多岁。”这时你快速地从 a 到 c 重指一遍，他会以同样的节奏说三遍“10 多岁”。这时你指向 e，他可能还说“10 多岁”，你告诉他不对，这是“20 来岁”。接着指向 d，他会犹豫，你告诉他还是“20 来岁”。这时，他把“多”和“来”怎么用就搞懂了（“来”还可以表示“略多于”，这个用法先不教）。接下来，你同时指向 e 和 f，让他想一会儿，告诉他这叫“20 左右岁”或“20 岁上下”。最后你快节奏地指向不同的点，他会给出同样节奏的回答，这就把刚刚学到的概数表达法巩固下来了。

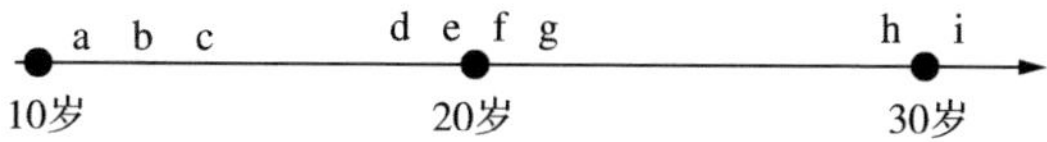

为了让学生能够熟练应用，你给出一个人的全身图片，要求学生看图说出这个人的大致年龄、体重和身高。学生若能说出“这个人身高一米 x 十左

右，年龄 x 十来岁，体重一百 x 十多斤”这样的话来，我们的教学任务就算完成了。

10.1.4 表演法

有些词语的意义具有外显性，比如一般的动作动词“蹦、跳、扛、提、挎、顶、推、拉、踢、蹬、踹、捏、掐、扔、递、吹、拍、盯、瞥、望……”都适合用表演法，另外“愁眉苦脸、烦躁不安、怒气冲冲、喜笑颜开、闷闷不乐、发呆、贼眉鼠眼、鬼鬼祟祟、瞠目结舌……”这种描写表情、情绪的词语也适合用表演法。老师可以充当表演者，也可以让学生充当表演者。表演法可以从动作到词语（先做出动作再说出动作对应的词语），也可以从词语到动作（先说出词语再要求做出相应的动作）。无论是哪种顺序都不要将动作与词语作简单对应，这里的意思是在训练中，看到一个动作，学生至少要说出一句话，这句话中包含那个动作所代表的词语，不要只说那个词语。看到一个动作后学生若能借题发挥，说了一段话，我们应该给予鼓励。比如你让玛丽到前边去，告诉她作出愁眉苦脸的样子，然后你找三个学生回答“玛丽怎么了?”。

第一个学生：“愁眉苦脸。”

第二个学生：“她愁眉苦脸的。”

第三个学生：“她愁眉苦脸的，一定是遇到了什么困难。”

第一个学生只说出了对应词语；第二个学生用对应词语造了一个句子，体现了这个词语的用法，比第一个好多了；第三个将目标词语用在更大的语境中。我们应该鼓励这种学生，让那个能说、善于发挥的学生先说，然后他就成了其他同学模仿的榜样。

表演法直观，且可以活跃课堂气氛。

10.1.5 游戏法

游戏法比表演法复杂一些，适合于训练成套的词语。比如动作通常要涉及量，量有精确量（三米、一小时），有模糊量。我们以模糊量的教学为例来讲解游戏法。表达模糊量的常用词语有“一点儿、一点点、过了、多了……”。

游戏设计如下：

游戏目的：表达量的判断和量的调整。

游戏目标词语：一点儿、一点点、过了、多了……

与游戏目标词语配套的词语：往上、往下、往前、往回、回来、好了……

道具：一个白色的纸环（把一张白纸中间剪空即可）。

游戏方式：老师在黑板中央画一个醒目的让所有人都能看清楚的点儿，叫一个同学到前边来，将他的眼睛蒙上。老师将白纸环置于黑板上远离那个红点儿的任意一处，让这个蒙着眼睛的同学在其他同学的指挥下沿着黑板滑动这个纸环，目标是把这个纸环套在那个红点儿上。假如初始位置如下图所示：

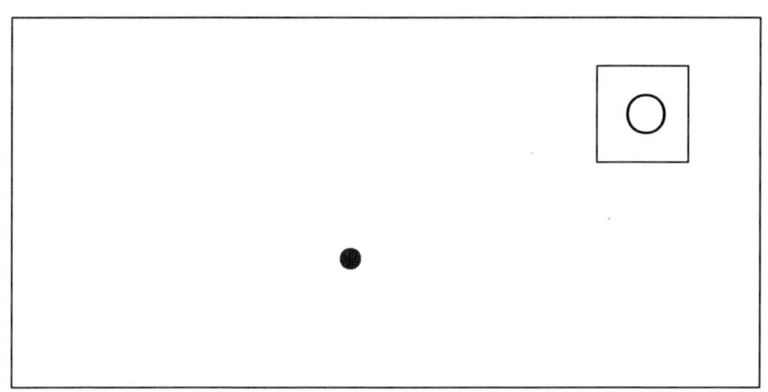

你要求坐在下面的同学指挥那个蒙着眼睛的同学移动纸环。一开始学生不会说，那你就替他们说："往下点儿。"那个同学可能不知道怎么做，你就把着学生的手向下滑动一点儿，这时学生就懂了。这时，纸环可能到了下面这个位置：

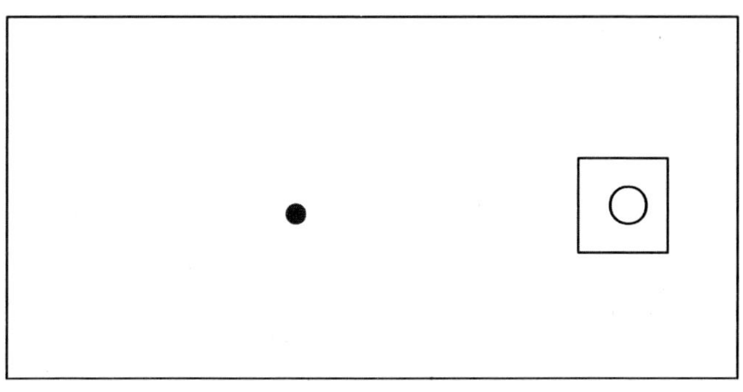

你要求学生说下一步，学生可能又不会说了，还是你替他们说："往前点。"并帮助那个同学将纸环向前滑动一点儿，到下图所示的位置。

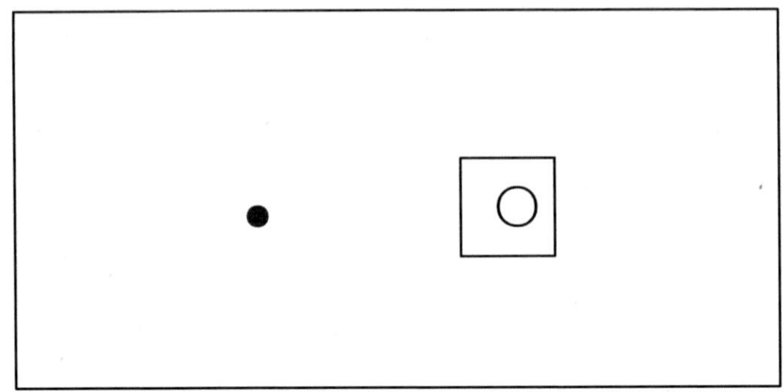

你再要求说下一步，他们可能说："往前点儿。"你告诉他们，不对，应该说："再往前点儿。"同时协助那个同学将纸环向前滑动少许，到下面这个位置：

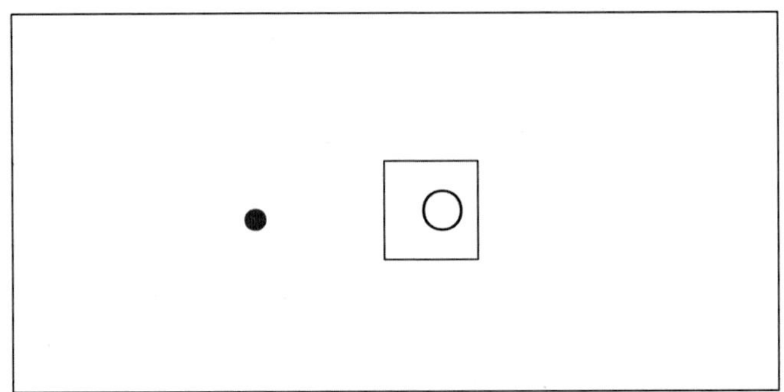

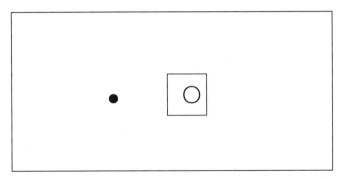

这时你就不必担心了，"再往前点儿"这句话他们会脱口而出，那个负责移动纸环的同学也会做出相应的动作。下一步你协助这个同学将纸环移动到下面这个位置：

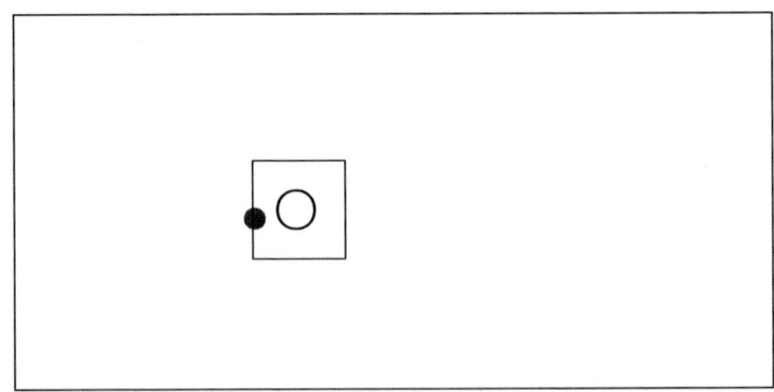

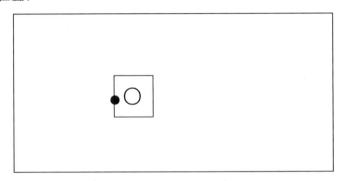

这时你抢在学生之前说"再往前一点点"。学生会愣一下，接着就会领

悟：啊，那就叫“一点点”。可是那个同学可能将纸环移动太多，置于下面的位置：

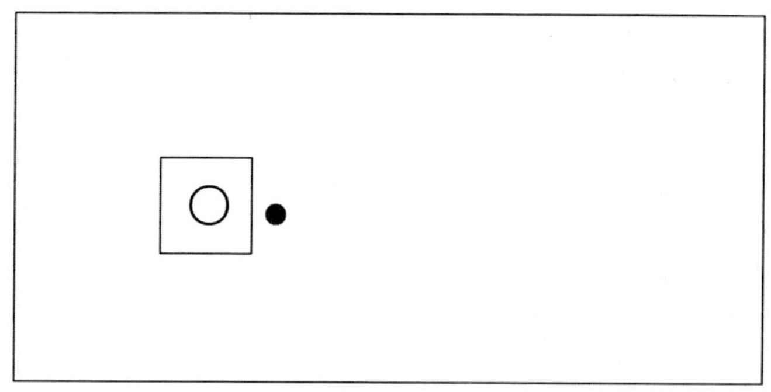

这时学生就不会说了，你帮他说：“太多了，回来点儿。”如果还没到位，学生就会说：“再回来点儿，再回来一点点。”到纸环刚好套在红点儿上时，他们又不知怎么说了，有的学生会喊：“OK!”这时你也喊：“好了，别动了!”这就完成了这个游戏。我们在这里一步一步地叙述起来好像很麻烦，其实在真实课堂上，完成上述引导最多也就 2 分钟。注意，到这里并不是游戏的结束，而是刚刚开始。接下来，你将学生分成三组，每一组选一个同学蒙上眼睛，由本组同学指挥将游戏重新来过，学生自己计时，用时最短的一组胜出。这次就不用老师引导了。“往下点儿……再往下点儿……往前点儿……再往前点儿……太多了，太多了，回来点儿……再回来点儿……好了，好了，别动了”，喊声不绝于耳，课堂非常热闹，气氛好极了。每一组都做完以后，学生自己报告所用时间，规定句型是：本组完成游戏用时×分×秒（顺便把“本”的用法训练一下）。假如下面是比赛结果：

A 组报告：本组完成游戏用时 3 分 9 秒。

B 组报告：本组完成游戏用时 3 分 27 秒。

C 组报告：本组完成游戏用时 2 分 19 秒。

这时，老师宣布：C 组第一，A 组第二，B 组第三。

最后你拿出一个图画，说要把它贴在教室的墙上。这个动作由你自己来操作，你故意把它比画在一个不合适的位置，问学生说：“贴在这里合适吗?”这时，学生刚才学过的那些句式就有用武之地了，他们会回答你：“不合适，往下点儿。”你故意往下滑很多，迫使他们喊出：“过了，太多了，回来点儿。”接下来“再往下点儿……往前点儿……再往前点儿……好了，好了……”一片喊叫声。你不用回头看，每个人都在喊。这个动作就是要把刚练会的词语、句式让学生趁热换个场景再使用一遍。这个游戏到这里就可以结束了。这是上课吗？这就是领着学生玩儿，学生一直在忙活，不知不觉就下课了；学生不知不觉就学会了好多东西。一个老师如果能把上课变成玩儿，就到一定境界了。

使用游戏法要注意以下事项：

●游戏设计要经济。经济，指的是时间和物资投入节省。上边这个游戏所有的道具只是一个纸片，投入少；不需要用大量时间做前期准备，时间上也经济。我们也可以尝试用另一个思路来训练这些词语：在教室的中央画一个圆圈，让一个学生蒙上眼睛，由其他学生指挥他走进那个圈里去。这样，那些词语、表达式也能得到训练。可是学生要搬动桌子以便腾出足够的地方，过后又要把桌子排好，这其中将耗费不少时间。这跟我们上边的设计相比，显然不经济。当然，这个游戏也可以到室外做，但同样在准备阶段耗时较多不说，学生一到室外就容易溜号、打闹等等，这些在备课阶段都不能不考虑。

●设计中既要考虑目标词语又要设计目标词语涉及的句型。词汇教学一涉及用法就要涉及搭配和句型，教学上词汇教学和语法教学难以截然分开，纯粹的词汇教学事实上是不存在的。

●游戏训练要分三个层次，由老师引导的第一遍是第一个层次，这一遍是“手把手”地教，这一遍的目的是使学生了解游戏的内容并熟悉游戏中使用的词语和句型。第二层次是学生自己重复第一遍的过程。第三层次是换个场景让学生趁热将训练过的知识巩固下来（例如上边游戏中贴图画这个过程）。所以，每次的游戏不是一个，而是一套。

●游戏中要有竞争，竞争能激发热情。

●不要让学生事先背台词。要像我们前边介绍的那样，学生不会说时老师现场指导。在学生需要说又不知道该怎么说的情况下告诉他怎么说，这时学生接受得最充分；他学了马上就用，记忆效果也最好。

●要保证学生的参与度，保证学生说话的频次。如果一位老师要到室外训练趋向动词这个词群，老师自己先爬上一个小山包，对着学生喊：“你们上来！”等学生上来以后对学生说：“现在我们一起下去。”这就失败了，因为整个过程都是老师在说，学生没有得到锻炼。你的设计必须保证学生在说，要千方百计保证这一点。

此外，不要为一个词设计一个游戏，那样不经济。设计一个游戏是要完成一个词群及其相关句型的训练。

还要提到的是，有的老师愿意把课文改写成剧本，让学生进行角色扮演。这种做法有三个弊端：一是在学生已经熟读课文以后游戏内容就没有新意了，对学生缺乏吸引力，学生投入的积极性不高。二是依据现成的脚本，学生需要背台词，而这是外国学生最反感的。三是这种游戏没有竞争。因此，我们不提倡这种游戏法。

几年前，我们的一个汉教志愿者（好像是一个本科生，忘了她叫什么名字）在美国西北高中教汉语，因为教得好被当地媒体频频报道。回国后央视给她作了一期访谈。主持人对教汉语能引起轰动感到好奇和不解，要求她举例说明她是怎样教的。她举了这样一个例子：有一天，可能是她的课堂太吵了，教务主任走进了她的教室。主任发现她在领着学生打扑克，提醒她这是上课时间。她说："我正在上课，我正在训练汉语的'数＋量＋名'结构。"那位主任说了句"知道了"，就走了。于是，课堂里继续玩。"一个七……一个九……一个王……两个三……两个五"，喊声震天，学生在轻轻松松、快快乐乐中熟悉了汉语"数＋量＋名"这种句法结构。

适合游戏教学的词群很多。比如教数词，如果你把"一、二、三……"写在黑板上一遍一遍地领着学生读，那就没意思了。我们用过的游戏是领着读两遍以后让学生站成一排报数，先从左到右三遍，再从右到左三遍，然后队形打乱重排，重新报数，速度一遍比一遍快，效果非常好。

10.2　同义词辨析方法

词汇教学实践中，同义词辨析是最棘手的问题。"设施"与"设备"有什么不同？"必定"与"必然"的区别在哪里？当被学生问到这些问题时，多有经验的老师都会犯难。不管你多犯难，你都不能绕着走，你必须回答。你不能说你不会，因为你是老师，你永远会。这就需要研究同义词辨析的方法。同义词辨析方法一般《现代汉语》教材上都讲，通常给几个辨析角度：

（1）从色彩上辨析。

①感情色彩不同。

成果—结果—后果

顽强—顽固

鼓动—煽动

技巧—伎俩

抵抗—抗拒

果断—武断

保护—庇护

称赞—奉承

②语体色彩不同。

离婚—离异

牙床—齿龈

生日—诞辰

（2）从语义轻重上辨析。

良好—优良—优异

揭发—揭穿

爱好—嗜好

鄙视—蔑视

请求—恳求—哀求

损坏—损毁

侮辱—凌辱

努力—竭力

失望—绝望

（3）从范围大小上辨析。

事情—事件—事故

战争—战役—战斗

灾难—灾荒

局面—场面

边境—边疆

车辆—车

人员—人

信件—信

书籍—书

（4）从适用对象上辨析。

爱护—爱戴

充分—充足—充沛

保护—保卫

交换—交流

侵占—侵犯

改善—改正

（5）从功能上辨析。

见—见面

勇敢—勇气

充分—充满

突然—忽然

可是这几个角度远远不能覆盖同义词的所有差异，比如“情景—景象”“连忙—赶紧”就不属于上边的任何一种，所以仅仅掌握上边这几种方法是远远不够的。近些年出过一些同义词辨析词典之类的书，可是你也很难指望它能帮上多大忙。第一，你要查找的词它没收；第二，它收了，但它说的你未必敢信。

工具书不可不备，但不能过分依赖它，教师自身具有辨析能力才是硬道理。对外汉语同义词辨析分两个层次，第一是找到差异，第二是讲解差异，即如何把找到的差异讲给学生，从而保证学生能够正确使用。下面就讲一下辨析同义词的程序。

假设 A 与 B 是同义词，我们把它们叫作辨析对象，辨析操作程序为：准备语料→观察分析→表述差异。

准备语料是用辨析对象各造 5—10 个句子，通过语料库检索更好。要注意的是，语料库里的句子不都可用，要甄选典型用例。从以下几方面着手：第一，排除错句。第二，排除不可比用例。比如辨析“再—又”这组同义词时，两个词只在表示 again 这个意义时才有可比性。“他又来了”是合格用例，而“今天值夜班，明天又要出差，真受不了了”这个“又”不表示同一行为的重复，也要排除。第三，如果辨析对象为动词或副词，这 5—10 个句子要尽量覆盖各种人称、时（tense）、体（aspect）和句类。以“常常”为例：

(1) 我常常去图书馆。

(2) 他以前常常看球赛。

(3) 他以前常常在周末去看电影吗?

(4) 他以前常常在周末和他女朋友一起去看电影。

(5) 你以后一定要常常来看我。

(6) 他不常常下乡。

这组例句涵盖不同的人称（我、你、他）、不同的时（过去、现在、将来）和不同的句类（陈述、疑问、祈使）。这就是一组比较好的辨析材料。下面这组就不好：

(1) 他常常看电影。

(2) 他常常帮助我。

(3) 他常常迟到。

(4) 他常常回家。

(5) 他常常喝酒。

这一组只相当于一个例句。

经验表明，在辨析动词和副词的时候，人称、时体和句类是不可忽略的考察项，而在辨析名词、形容词时则没有那么重要。在准备例句时也可以只准备肯定陈述句，在观察阶段尝试将它们变为疑问句、祈使句、否定句以试其反应。

观察分析的第一步是替换试验，即把辨析对象分别代入对方的例句，替换失败的地方就是差异所在。

比如辨析“再—又”这组词，它们都对应着英语的 again，下面是例句：

再：我想再写一本书。

又：他又出版了一本书。

用“又”替换“再”：我想又写一本书。(×)

用“再”替换“又”：他再出版了一本书。(×)

替换都失败了，接下来分析为什么失败。原来“再”所在的句子是将来时，而“又”所在的句子为过去时，暂时得出结论：“再”用于将来时，而“又”用于过去时。接下来进入语料库验证这个“暂时结论”，你会发现这样的用例：

(1) 明天又是星期天。

(2) 看样子鬼子又要扫荡了。

(3) 下周又该交房租了。

看来，“又”也可以用于将来，前面的暂时结论需要修改，暂修改为：“再”只用于将来，而“又”既能用于过去也能用于将来。接下来的问题是：“再”和“又”都可以用于将来，二者的差别是什么？这就需要再收集一些将来时“再”字句，与上边的将来时“又”字句进行对比：

(1) 我明天再去一趟。

(2) 您放心，我再不和她来往了。

(3) 你再说一遍。

(4) 别再喝了。

将两组用例对比后可以发现，将来时“又”字句总是基于某种经验判断某种情况要重复发生，都是判断句，绝对不用于祈使句；而将来时“再”字句总是决定接下来采取怎样的行动，除第一人称主语外，都是祈使句①。到这里，观察分析的任务基本完成。

观察分析的第二步是观察与目标词语共现的词语。当辨析对象为名词、形容词时，这项观察尤其重要。我们下面举三组例子来说明这种观察如何实施。

1. 情景—景象

“景象”的用例：

(1) 战争结束后的德国是一片残破的景象。

---

① 理论上说，将来时“又”字句可以有疑问形式，比如“下周又该交房租了”可以变成疑问句：“下周又该交房租了？”但这种疑问句总以相应的陈述句的存在为前提，语料库里也没有检索到疑问句用例。“再”字句也可以不表示决定做什么，比如“你再说，我就不理你了”。但这是在条件句中，为了使问题不那么复杂，我们这里只考虑单句。

（2）到处是一派繁荣的景象。

（3）我拍下了小城灾后的凄惨景象。

（4）到处都呈现出丰收的景象。

“情景”的用例：

（1）想起了他到机场送我的情景。

（2）忘不了他逼我还钱的情景。

（3）母女久别重逢的情景。

（4）人们欢呼雀跃的情景。

与“景象”同现的经常是“残破”“繁荣”“忙碌”“丰收”“凄惨”这样的词语，“景象”是呈现于眼前的一幅图景，可以用相机拍下来，是静态的。而与之共现的“残破”“繁荣”“忙碌”等都是性质形容词，这些形容词是为这幅图景定性的，是图景的特质。

与“情景”同现的是表示一件事的定语从句，“他到机场送我”“他逼我还钱”“母女久别重逢”“人们欢呼雀跃”都是事件，具有过程性。两个词的差别可以这样概括：“景象”用来描述现象、状况；“情景”总是用于特定场合里发生的特定事情，是一个过程的一幕一幕展开。“景象”里只有“景”，没有“事”；“情景”里必有“事”。下面再举一些这方面的例子。

2. 坚定—坚强—坚忍

“坚定”的用例：

（1）不再是热血青年，而是成熟的中年，此时的选择是理智的选择，是一种坚定的义无反顾的追求。

（2）面对困难和挫折，贺龙革命之心坚定不移。

（3）长期革命斗争的锻炼，更坚定了他对革命的信心和决心。

（4）让我们更加坚定信心，继续为维护和巩固世界和平而努力。

（5）笛卡儿坚定不移地寻找真理。

（6）每当他眼睁睁地看着病人因无法挽救而死去的时候，就更加坚定了这样的信念。

分析：“坚定”总是与“信念”“追求”“立场”“不移”等词一起出现，综合这些词语会得出这样的认识：“坚定”是坚持自己的信念、立场或追求不动摇、不放弃。

“坚强”的用例：

(1) 走啊走啊，我终于明白了“流浪的人在外想念家”那句歌词的含义。但我是坚强的，既然到了北京就一定要闯出一条路来。

(2) 上那药水有股难闻的气味，我恶心得吐了好几次，但最终还是要凭着坚强的意志完成拍摄。

(3) “梅花香自苦寒来。”历史上有所成就的人，都有一个共同心理条件，就是有坚强的意志。

(4) 意志坚强的人，可以在艰难困苦的环境中奋发图强，干出一番事业来。

分析：从例句中可以看出，“坚强”总是用来描写“意志”的，这种意志是在艰难困苦中才显现出来的，它的同义词是“不屈”，反义词是“脆弱”，所以“坚强”是在困难面前不肯低头、不肯退缩的一种意志。

“坚忍”的用例：

(1) 郑凤荣16岁时才开始练跳高，成绩也不是很理想。但是她以坚忍的精神，考进了上海体育学院。

(2) 高士其是我国著名的科普作家。他凭着坚忍不拔的精神，几十年来坚持与疾病顽强搏斗，克服了难以想象的困难。

(3) 几十年来，就是在这样的情况下，他以坚忍的毅力，顽强的精神，战胜了疾病，将一百多万字的科普作品贡献给读者。

分析：与“坚忍”经常共现的词语是“毅力”和表示较长时间的时间词。综合起来可以得出这样的认识：“坚忍”表示在长期的困难环境中仍不放弃的一种毅力。

总结：

坚持信念不变叫“坚定”，“坚定”是在坚持自己的价值选择时表现出来的品格；

困难面前不低头叫“坚强”，“坚强”是抵抗打击和挫折时显示出来的品格；

在长期的困难环境中坚持不放弃叫“坚忍”，“坚忍”是在追求一种目标时显示出来的品格。

3. 悲痛—悲凉

“悲痛”的用例：

(1) 但不幸的是哥哥在一次混战中牺牲了，弟弟非常悲痛。

（2）欧美许多国家遇到丧事，臂戴黑纱、结黑色领带以表示悼念和悲痛。

（3）但在他年仅18岁，刚刚开始执掌政权时，突然暴死。年轻的王后悲痛之极，极尽奢华厚葬其夫。

（4）法国总理拉法兰说，此次空难令所有法国人感到悲痛。

“悲凉”的用例：

（1）描绘的是秋日傍晚的景象，勾画了一幅凄凉萧瑟的图画，渲染了一种悲凉的气氛。

（2）如此气氛不仅使人感到悲凉，更使人担忧的问题是此次参赛经费的严重不足。

（3）这样腕级的戏曲演员，面对舞台下尽是花白头发，内心也会生出些许悲凉。

（4）他明知她不久将诀别人世，但依然和她举行了悲凉的婚礼，可见感情真挚。

（5）萨拉热窝市中心的高层建筑大都在战火中被毁坏，今天它们依然残破而悲凉地矗立在街头。

总结：

“悲痛”是失去亲朋引发的心理状态，“悲凉”是萧条、凄冷的情景引发的心理状态。

“悲痛”重在内心，“悲凉”重在氛围。

“悲痛”的反面是“高兴、快乐”，如“父亲去世一年多了，他一直在悲痛中，无论什么场合都高兴不起来”。“悲凉”的反面是“繁华、热闹”，如“昔日这条街道是多么繁华，多么热闹，而今天走在这条街上却只有悲凉的感觉”。

观察分析的第三步是在观察的基础上将两个词的差异表述出来，表述的对象是学生，因而要避免学术化，尽量做到通俗易懂。有的时候需要牺牲严密性以换取通俗性，目的是让学生懂。当你已经表述得足够通俗而学生仍然不能理解时，你还有最后一招：举典型事例加以说明。比如前边我们辨析过的“坚定—坚强—坚忍”，把我们辨析的结论讲给学生听，学生可能一定程度上懂了，但还没彻底懂，这时老师需要再举出一些典型的例子加以说明。这些事例应该是学生所熟悉的：

孩子打针不哭，叫“坚强”。

被敌人百般折磨而不肯屈服，叫“坚强”。

一个人得知自己患了癌症以后不颓废，积极乐观地配合治疗，这也叫“坚强”。

公司破产后，老板选择自杀，他就被失败打倒了，这就不叫“坚强”，叫“脆弱”。如果他总结经验，充满信心再次创业，这就叫“坚强”。

老师举出这些例子以后，学生就知道什么叫“坚强”了。

一个美国人坚持支持民主党不肯改变，这叫“坚定”。

一个美国人坚持作火箭队的球迷不肯改变，这叫“坚定”。

一个美国人本来支持民主党，听了朋友的话以后改变立场，开始支持共和党，这叫“不坚定”。

这类例子将有助于学生对“坚定”的进一步理解。

韩国一名68岁的妇女2005年以来每隔几天就会参加一次驾照笔试，但每次的成绩都不合格，她最近正准备参加第772次考试。这种精神叫“坚忍”。

一个青年坚持报考他心目中的名牌大学，十年不肯放弃，这就叫“坚忍”。

再比如“设备”与“设施”的区别，朱景松主编《现代汉语同义词词典》辨析为：

> (1)“设备”指成套的建筑或器物，“设施”指机构、系统、组织、建筑等。
>
> (2)“设施”可以是具体的事物，也可以指整套的体系。“设备”都是具体的物件或装置。

即便这种认识是对的，学生也很难理解到位。不如举下面的例子加以说明：

铁路、公路、立交桥等——交通设施

医院、保健站、卫生所、垃圾站——医疗卫生设施

水库、堤坝、渠道、闸门——水利设施

导弹发射基地、军用机场、营房——军事设施。

医院属于卫生设施，医院里边的CT机、超声仪、手术台都是医疗设备。甚至可以这样概括两个词的区别：能够拆装搬运的是设备，因此设备可以从外国进口；不能搬运的是设施，因此设施的职能是建设、完善，不能进口。同义词辨析不要求严丝合缝，只要说出本质差别即可。

同义词辨析要有框架语义学思想。框架语义学由美国语言学家菲尔默（Charles J. Fillmore）开创，该理论认为，词汇生存在它所在的框架里，框架又有“图式”（schema）、“脚本”（script）、“情景”（scenario）、“观念框架”（ideational scaffolding）、“认知模式”（cognitive model）等不同名称，说白了框架就是我们头脑中的一个个经验单元。比如进饭店吃饭，你要经历这样一个过程：找一个座位坐下，点餐，用餐，埋单。这就是一个框架，“点餐、埋单”等词语就活在这个框架里。把这个框架解释清楚了，框架里的每个词的意义、使用条件就都清楚了。有的同义词适用的框架不同，这时，指出这一点极为重要。菲尔默是用“land—ground”“shore—coast”两组同义词来说明这层意思的。land和ground可以指称同一个客体（同一片土地），但二者的意义却不同，因为它们处在不同的语义框架里：ground处在“天空—陆地”这个框架里，而land处在“海洋—陆地”框架里。因此，一只鸟“spends its life on the land”是暗示它不是一只水鸟；而一只鸟“spends its life on the ground”暗示它不会飞。“shore—coast”这组同义词也指称同一实体，但处于不同的语义框架里：shore是指从水的角度看陆地和水之间的分界，而coast是指从陆地角度看陆地和水之间的分界。一个“从shore到shore”的四小时的路程是在水上进行的，而一个“从coast到coast”的四小时路程是在陆地上进行的。“we will soon reach the coast”（我们很快就要到海滨了）是指在陆地上旅行，“we will soon reach the shore”（我们很快就要靠岸了）是指在海上旅行。Shore是水的尽头，而coast是陆地的尽头。

汉语里类似的例子更多。

比如，在动物身上有一个东西可以叫作“胃”也可以叫作“肚儿（dǔr）”（比如“炒猪肚儿”）。两个词指称同一个客体，但所处语义框架不同：“胃”在动物生理器官框架里，“肚儿”在食材框架里。因此，“胃切除”不能说成“肚儿切除”，“炒猪肚儿”不能说成“炒猪胃”。同样的例子还有

“肾”和“腰子”。能说“炒猪腰子”，不能说“炒猪肾”，因为“腰子”在食材框架里，而“肾”在动物生理器官框架里。

再比如辨析“矮”和“低”，从语义框架的角度去说就很简单，也能说到实质上。“矮”处在“客体几何尺寸描述”这个框架里，其意义是，一个客体立着的时候上下尺寸小（放倒的时候叫“短”，所以英语说“a short man”）。而“低”处在“客体位置描述”框架里，意思是一个客体所处的上下位置距离一个基准面（通常是地面）近。所以，可以说一个不足一米六的人个子矮，不说他个子低；说飞机飞得低，不说它飞得矮。

由于缺少框架意识，本族人也常常将词语用错。

王姬《我的世界》：“演戏自然要有些天分，但任何事物都不会一蹴而就，天生的演员坯子不经过施肥、浇水，是不会开花结果的。”这句话里“事物”和“坯子”都用错了。“事物”是认知对象，处在认知框架里，“事情”才是操办的对象，这里是说办一件事没那么容易，适合于这个框架的是“事情”而不是“事物”。“施肥、浇水，开花结果”这个框架里要求一种植物，而“坯子”不是植物，进入了它不该进入的框架。有人建议把“坯子”改成“苗子”，是很好的建议，“苗子”与“施肥、浇水，开花结果”这个框架高度契合。

以前电视里经常播一个广告：“家有儿女，常备优卡丹。”广告词显然把“儿女”和“小孩儿”框架搞混了。请观察下边的语料：

小孩儿发烧的时候，吃优卡丹很有效。

*儿女发烧的时候，吃优卡丹很有效。

父母有抚养儿女的责任，儿女有赡养父母的义务。

*父母有抚养小孩儿的责任，小孩儿有赡养父母的义务。

老人的儿女都在国外，病了也没人照看。

*老人的小孩儿都在国外，病了也没人照看。

不孝儿女

*不孝小孩儿

“小孩儿”是从人的成长阶段角度建立起来的称谓，与之对应的是成年人或大人；而“儿女”是基于家庭伦理建立起来的称谓，与之对应的是“父母”。所以，可以说“大人不可以欺负小孩儿”却不可以说“大人不可以欺负儿女”。同样，可以说“儿女有赡养父母的义务”，不可以说“小孩儿有赡养父母的义务”。“小孩儿”不在伦理责任中，“儿女”在伦理责任中（有尽孝的义务）。“小孩儿”一定未成年，需要呵护；而“儿女”可以并经常是成年人。70 岁的人也是儿女，但不是小孩儿。这则广告本意是要说家有未成年的孩子，要储备优卡丹这种退烧药，因此广告要把“儿女”换成“小孩儿”才行。广告策划者不懂得“儿女”和“小孩儿”两个词所处语义框架不同，致有此错。

参考文献

[1] 奥田宽.论现代汉语形容词的强制性联系和非强制性联系 [J].南开大学学报，1985 (3).

[2] 曹慧.从留学生作文谈篇章层面的词汇教学 [J].语言文字应用，2002 (2).

[3] 陈承泽.国文法草创 [M].北京：商务印书馆，1922.

[4] 陈满华.关于构式语法理论的几个问题 [J].外语教学与研究，2009 (5).

[5] 董清洁.小议“恢复疲劳”与“打扫卫生”[J].汉语学习，1982 (3).

[6] 陈平.释汉语中与名词性成分相关的四组概念 [J].中国语文，1987 (2).

[7] 陈平.从现代语言学经典论著看语言学论文的写作与发表 [J].当代修辞学，2015 (6).

[8] 陈琼瓒.修饰语和名词之间的“的”字研究 [J].中国语文，1995 (5).

[9] 陈贤书.也释“救火”[J].辞书研究，1984 (6).

[10] 储泽祥.汉语“在+方位短语”里方位词的隐现机制 [J].中国语文，2004 (2).

[11] 储泽祥.处所角色宾语及其属性标记的隐现情况 [J].语言研究，2006 (4).

[12] 储泽祥，王寅.动词的“重新理解”及其造成的影响 [J].古汉语研究，2009 (3).

[13] 春范.动词前的“又”“再”“重”“还”[J].汉语学习，1980 (2).

[14] 戴浩一.时间顺序和汉语的语序 [J].国外语言学，1988 (1).

[15] 杜青.普通话语音学教程 [M].北京：中国广播电视出版社，1999.

[16] 端木三.汉语的节奏 [J].当代语言学，2000 (4).

[17] 范继淹.范继淹语言学论文集 [M].北京：语文出版社，1986.

[18] 方梅.篇章语法与汉语篇章语法研究 [J].中国社会科学，2005 (6).

[19] 冯胜利. 汉语的韵律、词法和句法 [M]. 北京：北京大学出版社，1997.

[20] 冯胜利. 汉语韵律句法学 [M]. 上海：上海教育出版社，2000.

[21] 冯胜利. 汉语“词”的多维性 [J]. 当代语言学，2001 (3).

[22] 冯胜利. 从韵律看汉语“词”“语”分流之大界 [J]. 中国语文，2001 (1).

[23] 冯胜利. 动宾倒置与韵律构词 [J]. 语言科学，2004 (3).

[24] 冯志伟. 特思尼耶尔的从属关系语法 [J]. 当代语言学，1983 (1).

[25] 冯志伟. 确定切词单位的某些语法因素 [J]. 汉语语言与计算学报，2001 (2).

[26] 冯志伟. 泰尼埃与依存语法——纪念泰尼埃逝世 60 周年 [J]. 现代语文，2014 (11).

[27] 高洪年. “救火”之“救”本是“止” [J]. 张家口职业技术学院学报，2001 (3).

[28] 高明凯. 汉语语法论 [M]. 上海：开明书店，1948.

[29] 顾阳，沈阳. 汉语合成复合词的构造过程 [J]. 中国语文，2001 (2).

[30] 郭绍虞. 汉语语法修辞新探 [M]. 北京：商务印书馆，1979.

[31] 郭锐. 述结式的配价结构与成分的整合 [M]. 北京：北京大学出版社，1995.

[32] 郭锐. 述结式的论元结构 [M]. 杭州：浙江教育出版社，2002.

[33] 何元建. 回环理论与汉语构词法 [J]. 当代语言学，2004 (3).

[34] 侯玲文. “不经常×”和“经常不×” [J]. 汉语学习，2001 (5).

[35] 胡裕树. 现代汉语 [M]. 上海：上海教育出版社，1987.

[36] 黄月圆. 复合词研究 [J]. 国外语言学，1995 (2).

[37] 黄伯荣，廖序东. 现代汉语（增订版·下册）[M]. 北京：高等教育出版社，2000.

[38] 霍凯特. 现代语言学教程. 索振羽，叶蜚声，译 [M]. 北京：北京大学出版社，1986.

[39] 蒋绍愚，曹广顺. 近代汉语语法史研究综述 [M]. 北京：商务印书馆，2005.

[40] 康德.逻辑学讲义 [M]. 许景行，译. 北京：商务印书馆，2012.

[41] 李大忠.外国人学汉语语法偏误分析 [M]. 北京：北京语言文化大学出版社，1996.

[42] 李红印.泰国学生汉语学习的语音偏误 [J]. 世界汉语教学，1995 (2).

[43] 李小军.语义综合与“打扫卫生”[J]. 语文建设，2009 (1).

[44] 李行健.汉语构词法研究中的一个问题——关于“养病”“救火”“打抱不平”等词语的结构 [J]. 语文研究，1982 (2).

[45] 黎锦熙.新著国语文法 [M]. 北京：商务印书馆，1924.

[46] 林焘.探讨北京话轻音性质的初步试验 [J]. 语言学论丛，1983 (10).

[47] 刘慧.“不能 V”与“V 不 C”比较研究 [D]. 长春：吉林大学，2006.

[48] 刘月华.可能补语用法的研究 [J]. 中国语文，1980 (4).

[49] 刘丹青.汉语相向动词初探//江苏省语言学会编.语言研究集刊：第一辑 [M]. 南京：江苏教育出版社，1986.

[50] 刘丹青.形名同现及形容词的向 [J]. 南京师大学报，1987 (3).

[51] 刘丹青.语序类型学与介词理论 [M]. 北京：商务印书馆，2004.

[52] 刘世儒.被动式的起源 [J]. 语言学习，1956 (8).

[53] 刘世儒.论汉语“被动式”的传统用法 [J]. 北京师范大学学报（社会科学），1963 (1).

[54] 刘探宙.一元非作格动词带宾语现象 [J]. 中国语文，2009 (2).

[55] 刘勋宁.现代汉语的句子构造与词尾“了”的语法位置 [J]. 语言教学与研究，1999 (3).

[56] 刘勋宁.现代汉语句尾“了”的语法意义及其解说 [J]. 世界汉语教学，2002 (3).

[57] 卢英顺.“吧”的语法意义再探 [J]. 世界汉语教学，2007 (3).

[58] 卢英顺.“V 不了（O）”结构的语法意义及相关问题 [J]. 汉语学习，2000 (4).

[59] 卢福波.对外汉语常用词语对比例释 [M]. 北京：北京语言大学出版社，2000.

[60] 陆丙甫.副词“就”的义项分合问题 [J]. 汉语学习，1984 (1).

[61] 陆丙甫.关于语言结构的内向、外向分类和核心的定义//语法研究

和探索（三）[M]. 北京：北京大学出版社，1986.

[62] 陆丙甫. 汉语的认知心理研究 [M]. 北京：商务印书馆，2010.

[63] 陆丙甫. 定语的外延性、内涵性和称谓性//语法研究和探索 [M]. 北京：北京大学出版社，1988.

[64] 陆丙甫. 论形式和功能的统一是语法分析的根本基础——兼谈转换语法的一些发展 [J]. 外国语，2006 (3).

[65] 陆丙甫，刘小川. 语法分析的第二个初始起点及语言象似性 [J]. 语言教学与研究，2015 (4).

[66] 陆俭明. 现代汉语中数量词的作用//语法研究和探索 [M]. 北京：北京大学出版社，1988.

[67] 陆俭明，王黎. 开展面向对外汉语教学的词汇语法研究 [J]. 语言教学与研究，2006 (2).

[68] 陆烁. 汉语定中结构中“得”的句法语义功能——兼谈词和词组的界限 [J]. 中国语文，2017 (1).

[69] 吕冀平，戴昭铭. 当前汉语规范工作中的几个问题 [J]. 中国语文，1985 (2).

[70] 吕叔湘. 中国文法要略：下卷 [M]. 北京：商务印书馆，1944.

[71] 吕叔湘. 关于汉语词类的一些原则性问题 [J]. 中国语文，1954 (9).

[72] 吕叔湘. 单音形容词用法研究 [J]. 中国语文，1966 (2).

[73] 吕叔湘. 形容词使用情况的一个考察 [J]. 中国语文，1965 (6).

[74] 吕叔湘. 汉语语法分析问题 [M]. 北京：商务印书馆，1979.

[75] 吕叔湘. “恢复疲劳”及其他//吕叔湘全集 [M]. 沈阳：辽宁教育出版社，2002.

[76] 洛克. 人类理智论 [M]. 关文运，译. 北京：商务印书馆，1960.

[77] 马贝加. 介词“同”的产生 [J]. 中国语文，1993 (2).

[78] 马贝加. 近代汉语介词 [M]. 北京：中华书局，2002.

[79] 马庆株. 现代汉语词缀的性质、范围和分类 [J]. 中国语言学报，1995 (6).

[80] 马庆株. 多重定名结构中形容词的类别和次序 [J]. 中国语文，1995 (5).

[81] 马希文. 关于动词“了”的弱化形式/lou/ [J]. 中国语言学报，

1983 (1).

[82] 毛敬修. 北京话儿化的表义//语言学论丛：第 12 辑 [M]. 北京：商务印书馆，1984.

[83] 彭小川. 对外汉语教学语法释疑 201 例 [M]. 北京：商务印书馆，2004.

[84] 屈承熹. 汉语篇章语法. 潘文国，等译 [M]. 北京：北京语言大学出版社，2006.

[85] 饶长溶. 谈谈撰写语法论文的几个问题 [J]. 汉语学习，1997 (6).

[86] 任鹰. 动词词义在结构中的游移与实现——兼议动宾结构的语义关系问题 [J]. 中国语文，2007 (5).

[87] 邵敬敏. 现代汉语疑问句研究 [M]. 上海：华东师范大学出版社，1996.

[88] 邵敬敏. 现代汉语通论：第 1 版 [M]. 上海：上海教育出版社，2001.

[89] 申东月，伏学凤. 汉日辅音系统对比及汉语语音教学 [J]. 语言文字应用，2006 (2).

[90] 沈家煊. 句法的象似性问题 [J]. 外语教学与研究，1993 (1).

[91] 沈家煊. “有界”与“无界” [J]. 中国语文，1995 (5).

[92] 沈家煊. 形容词句法功能的标记模式 [J]. 中国语文，1997 (4).

[93] 沈家煊. 英汉方所概念的表达//王菊泉，郑立信主编. 英汉语言文化对比研究 (1995—2003) [M]. 上海：上海外语教育出版社，2004.

[94] 沈家煊. 我看汉语的词类 [J]. 语言科学，2009 (1).

[95] 沈家煊. 从韵律结构看形容词 [J]. 汉语学习，2011 (3).

[96] 沈家煊. 词类的类型学和汉语的词类 [J]. 当代语言学，2015 (2).

[97] 沈阳，郑定欧. 现代汉语配价语法研究 [M]. 北京：北京大学出版社，1995.

[98] 施春宏. 动词拷贝句句式构造和句式意义的互动关系 [J]. 中国语文，2010 (1).

[99] 施春宏. 从句式群看“把”字句及相关句式的语法意义 [J]. 世界汉语教学，2010 (3).

[100] 施春宏. 动结式的论元结构和配位方式研究 [D]. 北京：北京大

学，2003.

［101］施春宏. 动结式论元结构的整合过程及其相关问题［J］. 世界汉语教学，2005（1）.

［102］施春宏. 动结式的配价层级及其歧价现象［J］. 语言教学与研究，2006（4）.

［103］施春宏. 语言事实和语言学事实［J］. 汉语学报，2010（4）.

［104］施春宏. “招聘”和“求职”：构式压制中双向互动的合力机制［J］. 当代修辞学，2014（2）.

［105］司富珍. 汉语的标句词“的”及相关的句法问题［J］. 语言教学与研究，2002（2）.

［106］司富珍. 中心语理论和汉语的 DeP［J］. 当代语言学，2004（1）.

［107］司富珍. 汉语的几种同音删略现象［J］. 语言教学与研究，2005（2）.

［108］苏宝荣. 论语素的大小与层级、融合与变异［J］. 中国语文，2007（3）.

［109］太田辰夫. 中国语历史文法［M］. 北京：北京大学出版社，2003.

［110］王冬梅. 从“是”和“的”、“有”和“了”看肯定和叙述［J］. 中国语文，2014（1）.

［111］王光全. 同形组合结构的启示［J］. 汉语学习，2000（4）.

［112］王光全. 同形词族和汉语词类划分［J］. 北华大学学报（社会科学版），2000（3）.

［113］王光全. 过去完成体标记“的”在对话语体中的使用条件［J］. 语言研究，2003（4）.

［114］王光全，禹平. 几种动作叠加格式辨析［J］. 汉语学习，2003（4）.

［115］王光全. 也论“一 X 就 Y”结构［J］. 汉语学报，2005（3）.

［116］王光全，柳英绿. 同命题“了”字句［J］. 汉语学习，2006（3）.

［117］王光全，柳英绿. 汉语处所化的机制及其在教学中的应用［J］. 世界汉语教学，2008（1）.

［118］王光全. 构词域与后缀“—子”的语义问题［J］. 世界汉语教学，2009（3）.

［119］王光全. “对话—转述”方法在汉语教学中的应用［J］. 华文教学与研究，2012（1）.

[120] 王弘宇. 说"一 A 就 C"[J]. 中国语文，2001 (2).

[121] 王力. 中国现代语法 [M]. 北京：商务印书馆，1943.

[122] 王力. 中国语法理论 [M]. 北京：中华书局，1944.

[123] 王力. 龙虫并雕斋文集 [M]. 北京：中华书局，1982.

[124] 王姝. 连动结构紧缩与动词词义增值 [J]. 世界汉语教学，2012 (1).

[125] 王姝. 汉语领属构造的可让渡梯度 [J]. 语言教学与研究，2012 (3).

[126] 王秀珍. 韩国人学汉语的语音难点和偏误分析 [J]. 世界汉语教学，1996 (4).

[127] 王永娜. 书面语"动宾＋宾语"的语法机制及相关问题研究 [J]. 语言科学，2013 (2).

[128] 王韫佳. 林焘先生学术成就简述 [M]. 北京：商务印书馆，2007.

[129] 温格瑞尔，施密特. 认知语言学导论：第二版，彭利贞，许国萍，赵微，译 [M]. 上海：复旦大学出版社，2008.

[130] 吴福祥. 能性述补结构琐议 [J]. 语言教学与研究，2002 (5).

[131] 谢质彬. "救"字今义探源 [J]. 河北大学学报，1998 (1).

[132] 邢福义. "救火"和"救人"[J]. 咬文嚼字，2007 (7).

[133] 熊仲儒. 汉语中词与短语的转类 [J]. 华文教学与研究，2010 (3).

[134] 熊仲儒. 量范畴与汉语形容词 [J]. 世界汉语教学，2013 (3).

[135] 徐烈炯. 生成语法理论：标准理论到最简方案 [M]. 上海：上海教育出版社，2009.

[136] 严培新. 日语元音和汉语元音之对比 [J]. 湖北师范学院学报，2009 (2).

[137] 杨成凯. 词类的划分原则和谓词"名物化"，语法研究和探索（五）[M]. 北京：语文出版社，1991.

[138] 杨德峰. 对外汉语教学核心语法 [M]. 北京：北京大学出版社，2009.

[139] 叶景烈. 关于"恢复疲劳"[J]. 咬文嚼字，1996 (9).

[140] 姚振武. 从语序问题看语法事实中的"优先序列" [J]. 古汉语研究，2005 (2).

[141] 于江. 近代汉语"和"类虚词的历史考察 [J]. 中国语文，1996 (6).

[142] 袁毓林. 现代汉语名词的配价研究 [J]. 中国社会科学，1992 (3).

[143] 袁毓林. 语言学范畴的心理现实性 [J]. 汉语学习，1993 (4).

[144] 袁毓林. 一价名词的认知研究 [J]. 中国语文，1994 (4).

[145] 袁毓林，郭锐. 现代汉语配价语法研究：第二辑 [M]. 北京：北京大学出版社，1998.

[146] 袁毓林. 定语顺序的认知解释及其理论蕴涵 [J]. 中国社会科学，1999 (2).

[147] 毓林. 述结式配价的控制——还原分析 [J]. 中国语文，2001 (5).

[148] 袁毓林. 关于等价功能和词类划分的标准 [J]. 语文研究，2006 (3).

[149] 袁毓林. 汉语词义识解的乐观主义取向——一种平衡义程广泛性和义面突出性的策略 [J]. 当代语言学，2014 (4).

[150] 占勇，钱益军. 现代汉语复合词判断标准研究述评 [J]. 湖州师范学院学报，2009 (3).

[151] 张志公. 汉语语法常识 [M]. 北京：中国青年出版社，1953.

[152] 张伯江. 论“把”字句的句式语义 [J]. 语言研究，2000 (1).

[153] 张伯江. 功能语法与汉语研究 [J]. 语言科学，2005 (6).

[154] 张金生. 英汉元音对比与英语语音教学 [J]. 解放军外国语学院学报，2002 (1).

[155] 张国宪. 汉语特殊句法的语义研究 [M]. 北京：北京语言大学出版社，1999.

[156] 赵元任. 语言问题 [M]. 北京：商务印书馆，1999.

[157] 赵元任. 汉语口语语法 [M]. 北京：商务印书馆，1979.

[158] 周小兵，邓小宁. “一再”和“再三”的辨析 [J]. 汉语学习，2002 (1).

[159] 周韧. 共性与个性下的汉语动宾饰名复合词研究 [J]. 中国语文，2006 (4).

[160] 朱德熙. 现代汉语形容词研究 [J]. 语言研究，1956 (1).

[161] 朱德熙. 关于动词形容词“名物化”的问题 [J]. 北京大学学报，1961 (4).

[162] 朱德熙. “的”字结构和判断句 [J]. 中国语文，1978 (1).

[163] 朱德熙.与动词“给”相关的句法问题[J].方言，1979(2).

[164] 朱德熙.语法讲义[M].北京：商务印书馆，1982.

[165] 朱德熙.自指和转指——汉语名词化标记“的、者、所、之”的语法功能和语义功能[J].方言，1983(1).

[166] 朱德熙.现代汉语语法研究[M].北京：商务印书馆，1985.

[167] 朱景松.现代汉语同义词词典[M].北京：语文出版社，2009.

[168] 朱庆祥.从序列事件语篇看“了$_1$”的隐现规律[J].中国语文，2014(2).

[169] 邹韶华.现代汉语方位词的语法功能[J].中国语文，1984(3).

[170] 周尚荣，陶景侃.逻辑学问答[M].兰州：甘肃人民出版社，1985

[171] Aitchison，J. The Articulate Mammal：An introduction to psycholinguistics [M]. Routledge：Taylor and Francis，2008.

[172] Algeo，J. B. Structural and Systemic View [J]. American Speech，1977(52).

[173] Anderson，S. R. A-Morphous Morphology [M]. Cambridge：Cambridge University，1992.

[174] Senghas，A.，Kita，S.，Özyürek，A. Children Creating Core Properties of Language：Evidence from an Emerging Sign Language in Nicaragua [J]. Science，2004(305).

[175] Baker，M. Incorporation：A Theory of Grammatical Function Changing [M]. Chicago：University of Chicago Press，1988.

[176] Bresnan，J.，Mchombo，S. A. The Lexical Integrity Principle：Evidence form Bantu [M]. Natural Language and Linguistic Theory，1995(13).

[177] Booij，G. The Grammar of Words：An Introduction to Linguistic Morphology [M]. Oxford：Oxford University Press，2005.

[178] Bolinger，D. L. Entailment and the Meaning of Structures [J]. Glossa，1968(2).

[179] Braine，M. D. S. The Acquisition of Language in Infant and Child，in C. E. Reed (ed.) The Learning of Language [M]. New York：Appleton Century Crofts，1971.

[180] Brown, R. The Child's Grammar from I to III, in J. P. Hill (ed.) Minnesota Symposium on Child Psychology, vol. II [M]. Minneapolis: University of Minnesota Press, 1968.

[181] Brown, R. A First Language: The Early Stages [M]. London: George Allen & Unwin, 1973.

[182] Cazden, C. Child Language and Education [M]. New York: Holt, Rinehart & Winston, 1972.

[183] Chomsky, N. Crucial Issues in Linguistic Theory [M]. Hague: Mouton, 1972.

[184] Chomsky, N. Remarks on Nominalization, in R. A. Jacobs and P. S. Rosenbaum, eds., Readings in English Transformational Grammar [M]. Waltham: Massachusetts, 1970.

[185] Chomsky, N. Aspects of the Theory of Syntax [M]. Cambridge: Mass. M. I. T. Press, 1965.

[186] Chomsky, N. Knowledge of Language: Its Nature, Origin and Use [M]. New York: Praeger, 1986.

[187] Curtiss, S. The linguistic development of Genie [J]. Language, 1974 (50).

[188] Curtiss, S. R. Abnormal language acquisition and the modularity of language, in F. J. Newmeyer (ed.) Linguistics: The Cambridge Survey [M]. Cambridge: Cambridge University Press, 1988.

[189] Henriette, D. Aspect Shift and Coercion [J]. Natural Language and Linguistic Theory, 1998 (16).

[190] Dowty, D. Thematic Proto-Roles and Argument Selection [J]. Language, 1991 (67).

[191] Fabb, N. A. J. Syntactic affixation, Doctoral Dissertation [M]. Massachusetts: Massachusetts Institute of Technology, 1994.

[192] Geeraerts, D. 认知语言学基础. 邵军航，杨波，译 [M]. 上海：上海译文出版社，2006.

[193] Goldberg, A. Constructions: A Construction Grammar Approach to

Argument Structure [M]. Chicago：The University of Chicago Press，1995.

[194] Goldberg，A. 构式：论元结构的构式语法研究 [M]. 吴海波，译. 北京：北京大学出版社，2007.

[195] Goldberg，A. Constructions：A New Theoretical Approach to Language [J]. Trends in Cognitive Sciences，2003 (3).

[196] Goldberg，A. Constructions at Work：The Nature of Generalization in Language [M]. Oxford：Oxford University Press，2006.

[197] Haiman，J. Iconic and Economic Motivation [J]. Language，1983 (59).

[198] Haiman，J. Natural Syntax：Iconicity and Erosion（自然句法——象似性与磨损）[M]. 北京：世界图书出版公司，2009.

[199] Herbst，T. A Valency Model for Nouns in English [J]. Journal of Linguistics，1988 (24).

[200] Huang，C. T. J. Phrase Structure，lexical Integrity and Chinese Compounds [J]. Journal of the Chinese Language Teachers' Association，1984 (19).

[201] Hudson，R. A. Zwicky on Heads [J]. Journal of Linguistics，1987 (23).

[202] Kegl，J.，Senghas，A.，Coppola，M. Creation Through Contact：Sign Language Emergence and Sign Language Change in Nicaragua. In M. DeGraff（ed.），Language Creation and Language Change：Creolization，Diachrony，and Development [M]. Cambridge：MIT Press，1999.

[203] Klima，E.，Bellugi，U. Syntactic Regularities in the Speech of Children'，in J. Lyons and R. J. Wales（eds）Psycholinguistics Papers [M]. Edinburgh：Edinburgh University Press，1966.

[204] Krashen，S. Principles and Practice in Second Language Acquisition [M]. New York：Pergamon，1982.

[205] Lakoff，G.，Johnson，M. Metaphors We Live By [M]. Chicago：University of Chicago Press，1980.

[206] Langakaer，R. W. 认知语法导论：上卷. 黄蓓，译 [M]. 北京：

商务印书馆，2008.

[207] Lapointe, S. A Theory of Grammatical Agreement [D]. University of Massachusetts Amherst, 1980.

[208] Lenneberg, E. H. Biological Foundations of Language [M]. New York: Wiley, 1967.

[209] Lillo-Martin, D. Modality Effects and Modularity in Language Acquisition: The Acquisition of American Sign Language. In W. Ritchie and T. Bhatia (eds.), Handbook of Child Language Acquisition [M]. San Diego: San Diego Academic Press, 1999.

[210] Li, N., Thompson, S. A. Mandarin Chinese: A Functional Reference Grammar [M]. Berkeley: University of California Press, 1989.

[211] Lust, B. Children Language Acquisition and Growth [M]. Cambridge: Cambridge University Press, 2006.

[212] Lyons, J. Semantics, Vol. 2 [M]. Cambridge: Cambridge University Press, 1977.

[213] Marler, P. Sensitive Periods and the Roles of Specific and General Sensory Stimulation in Birdsong Learning. In J. Rauschecker and P. Marler (eds.), Imprinting and Cortical Plasticity [M]. New York: J. Wiley & Sons, 1987.

[214] McNeill, D. The Acquisition of Language: The Study of Developmental Psycho-linguistics [M]. New York: Harper and Row, 1970.

[215] Michaelis, L. A. Type Shifting in Construction Grammar: An Integrated Approach to Aspectual Coercion [J]. Cognitive Linguistics, 2004 (15).

[216] Miller, D. G. Complex Verb Formation [M]. Amsterdam: John Benjams, 1993.

[217] Nelson, K. Structure and Strategy in Learning to Talk [J]. Monograph of the Society for Research in Child Development, 1973 (38).

[218] Nida, E. A. A Synopsis of English Syntax [M]. Oklahom: Norman, 1943.

［219］ Pinker，S. Words and Rules：The ingredients of language ［M］. London：Pheonix，1999.

［220］ Postal，P. Anaphoric Islands ［J］. Chicago Linguistic Society，1969 (5).

［221］ Quirk. R. A Comprehensive Grammar of the English Language ［M］. New York：Longman，1985.

［222］ Radford， A. Transformational Syntax ［M］. Cambridge：Cambridge University Press，1981.

［223］ Robert，L. Acquisition and Learning in Early Reading ［J］. Hispania，1977 (60).

［224］ Roeper，T.，Siegel，M. A Lexical Transformation for Verbal Compounds ［J］. Linguistic Inquiry，1978 (9).

［225］ Roeper，T. Implicit Arguments and the Head-Complement Relation ［J］. Linguistic Inquiry，1987 (18).

［226］ Roeper，T. Compound Syntax and Head Movement ［J］. Yearbook of morphology，1988 (1).

［227］ Ross，J. R. Constraints on Variables in Syntax，in on Noam Chomsky：Critical Essays，edited by G，Harman ［M］. New York：Anchor press，1967.

［228］ Saeed，J. I. Semantics (2nd edition) ［M］. Oxford：Blackwell Publishing Ltd，2003.

［229］ Simpson，J. Warlpiri Morpho-Syntax：A Lexicalist Approach ［M］. Kluwer，Dordrecht，1991.

［230］ Smith，N.，Wilson，D. 现代语言学 ［M］. 李古城，等译. 北京：外语教学与研究出版社，1983.

［231］ Spencer，A. Morphological Theory ［M］. Oxford：Blackwell，1991.

［232］ Sproat，R. On Deriving the Lexicon ［D］. PhD Dissertation，MIT，1985.

［233］ Tai，J. Temporal Sequence and Chinese Word Order，In Iconicity and Syntax，edited by John Haiman ［M］. Amsterdam：John

Benjaming Publishing Company，1985.

［234］Trask，R. L. 语言［M］. 于东兴，译. 南京：南京大学出版社，2014.

［235］Baker，W. J. 从“信息结构”的观点来看语言［J］. 陈平，译. 国外语言学，1985（2）.

［236］Zwaan，R. A. Situation Models：The Mental Leap Into Imagined Worlds［J］. Current Directions in Psychological Science，1999（118）.

［237］Zwicky，A. Heads［J］. Journal of Linguistics，1985（21）.